Mitt Liv, Min Tro II

"Stå opp, skinn! For ditt lys har kommet,
og Herrens herlighet går opp over deg."
(Esaias 60:1)

Mitt Liv, Min Tro II

Dr. Jaerock Lee

URIM
BOOKS

Mitt Liv, Min Tro II: av Dr. Jaerock Lee
Utgitt av Urim Bøkene (Representant: Seongkeon Vin)
361-66, Shindaebang Dong, Dongjak Gu, Seoul, Korea
www.urimbooks.com

Første Utgave: september 2013

Tidligere utgitt på koreansk av den Kristelige Pressen (The Christian Press) i 2006

Redigert av Eunmi Lee
Formgitt av Urim Bøkenes Redigeringsbyrå
Trykket av Yewon Boktrykkeri
For mer informasjon, ta kontakt med: urimbook@hotmail.com

Beviset om Makten og Tilværelsen av Den Hellige Ånd

Tiden venter ikke på noen. Men Gud har tålmodighet og Han venter til slutten av menneskeheten for å angre og for å motta frelse. Menneskene i dag kjenner ikke til Guds virkelige dype kjærlighet. Til og med de kristelige og prester følger verdens utviklinslinje og glemmer Guds kjærighet og vilje. Hvorfor kan de ikke komme nærmere Gud og hvorfor tenker de i det hele tatt på å holde avstand fra kirken? Vi kan finne grunnen til det i den moderne vitenskapen.

Mennesker prøver å løse problemene i deres liv gjennom vitenskap. De tror mer trofast på vitenskapens sluttresultat enn de tror på troens makt. Dette skjer mellom de kristne også. Snarere enn å akseptere og tro på religonen, til og med prester har en tendens til å tro bare når de kan se det med deres egne øyne og akseptere det som de kan forklare og forstå innen deres egne tanker og meninger. De innfører også deres tro gjennom vitenskap til deres troende. De forsøker å så tro i mennesker ifølge deres kirkesamfunns lære.

De kristne i dagens moderne verden prøver å forstå Gud og oppleve Hans makt gjennom en slik tro. Men troen som var mottatt på veien med den feiltagne troslære og religion fører til kritikk av makten til Den Hellige Ånd bare som mystisisme. Med andre ord, det er ikke kirken som leder verden, men verden leder kirken.

Mange av Den Hellige Ånds verk er bare sett på som mystikk. Hvis Guds makt ikke er åpenbart med mystikk, hvilken verdi har den så? Alle Guds verk er akkurat like vidunderlige mystiske som de burde være. Bare da er Gud virkelig den Allmektige og den som redder menneskeheten.

Pastor Jaerock Lee holder seg ikke nærme denne såkalte sekulære troen, men holder seg istedenfor i nærheten av den Hellige Ånd, Sønnen Jesus og Gud Faderen. Han viser oss alltid Guds verk gjennom bønn og den Hellige Ånd.

Hans selvbiografi, *"Mitt Liv, Min Tro"* er en rørende fortelling som viser oss den virkelige troen og livet som man lever med den sanne troen. Det kan godt være at denne boken viser deg det virkelige beviset om tilstedeværelsen av den Hellige Ånd, tilstedeværelsen som mennesker i denne moderne verdenen har glemt.

Troen og vitenskapen er faktisk ikke atskilt fra hverandre. Gud skapte alt i universet og Han åpenbarer alt til oss gjennom vitenskap. Når pastor Jaerock Lee helbreder de syke, løser problemer, og fyller mennesker med inspirasjonen til den Hellige Ånd gjennom bønner, er dette derfor vitenskap fordi makten kommer ifra Gud. Men samtidig er det også tro.

Disse selvbiografiene har kommet for dagen i *den Kristelige Pressen* hver uke og rørt ved mange hjerter til så mange troende og prester. Nå har alt blitt satt inn i en bok som viser bevis på den levende troen og verkene til den levende Hellige Ånd. Denne boken inneholder hans livshistorier som berørte oss som mennesker. Det er også fortellingen om hans menighet, deriblant grunnlaget og veksten av Manmin Sentral Kirken. Det er derfor en god undervisningsbok som viser hva en virkelig menighet er for både vanlig troende og prester samtidig.

Jeg har hørt at denne selvbiografien har rørt ved og hatt innflytelse over mangfoldige prester og troende. Prester var veldig intereserte i veksten av kirken og makten til den Hellige Ånd. Vanlige mennesker var rørt av hans helbredende menigheter og viste frem verket til den Hellige Ånd. Dette er på grunn av at de Koreanske kirkene idag har mistet makten til den Hellige Ånd. Mange kirker er ikke virkelig levende kirker på grunn av at de mishandlet makten til den Hellige Ånd som mystisk. Den Hellige Ånd er ikke 'mystisk'. Den Hellige Ånd er realitet og virkelighet.

Jeg kan med sikkerhet si at Pastor Jaerock Lee er en av de mest sannferdige prester i Korea. Mange er enige om at mangfoldige mennesker begynte å elske Herren Jesus Kristus mer lidenskapelig og ble sterkere i deres svake tro gjennom denne selvbiografien *"Mitt Liv, Min Tro."* Mange prester vil også kunne forstå hva slags kirke en virkelig kirke er og i hva slags kirke den Hellige Ånd arbeider.

I tillegg, vil jeg gjerne nevne at sannheten og den virkelige historien om MBC utsendelsen er åpenbart her. Det forteller oss tydelig om hvorfor Pastor Jaerock Lee har gått gjennom så mye forfølgelse fra de koreanske kirkene. De koreanske kirkene må stoppe all deres kritikk og forfølgelser mot ham nå. Videre forlanger jeg at MBC gir en unnskydning til Manmin Sentral Kirken.

Dette er mitt alvorlige håp etter at jeg har lest Pastor Jaerock Lees selvbiografi; Jeg håper bare at alle prester og troende vil lese denne boken og at den vil åpne øynene deres til den Hellige Ånd.

Pastor Jongman Lee
(Metodist Kirken; Bestående President, Verdens Kristelige Oppvekkelse Misjonsforening)

Innehold

Anbefaling

Beviset om Makten og Tilstedeværelsen av Den Hellige Ånd

1 Kapittel
Ettersom Jorden blir Herdet etter at det har Regnet

2 Kapittel
Hvem Skal Vi Høre På?

3 Kapittel
Hva tenkte Jesus På når Han Klatret opp Golgotha med Korset?

4 Kapittel
Hvis Jeg Bare Kan Oppfylle Guds Ønske

Innehold

5 Kapittel
Idet vannet dekker havet

6 Kapittel
Bare Ved Navnet Jesus Kristus

7 Kapittel
Nasjoner Vil Komme til Ditt Lys, og Konger Vil Komme til Lyset av Din Vekkelse

1 Kapittel

Ettersom Jorden blir Herdet etter at det har Regnet

Etter at en har Sådd Troens Frø

Ikke mange år etter at vi hadde flyttet til bede rommet i Guro Dong, ble det igjen fullt. Vi kunne ikke ta imot alle bilene og menneskene som kom inn.

Vi måtte utvide bederommet hurtig, og ikke langt unna vårt sted var det en eiendom til salgs. Dens størrelse var omkring 14,000 kvadrat meter. Men siden vi fremdeles hadde et lån på den nåværende bygningen, var det vanskelig for oss å få det.

Når jeg ba om det, svarte Gud at vi skulle ta det. For å kjøpe eiendommen, trengte vi omkring 20 millioner amerikanske dollar eller 120 millioner NOK. Men det var vanskelig bare å få inn 6 millioner NOK, som var beløpet som skulle til for å kunne skrive under kontrakten på eiendommen. Men vi hadde erfart Guds arbeide før når vi adlød Ham selv i situasjoner som syntes å være helt umulige. Hva vi trengte denne gangen også var troen.

Jeg gjorde opp min mening med å selv gi 600,000 NOK av

de 6 millioner NOK som vi trengte, for å vise god tro. For å underskrive på forhåndsavtalen ville vi trenge 600,000 NOK. Gud velsignet oss alltid rikelig, men etter at jeg hadde brukt store beløp på offer, misjonær arbeide, og donasjoner til veldedige formål, hadde jeg ikke mye kontanter igjen. Men hva er ikke mulig hvis Gud er med oss?

Når jeg ba om å forberede de 600,000 NOK, begynte Guds arbeide å komme fra utenkelige steder. De som hadde blitt helbredet gjennom mine bønner og de som jeg hadde hjulpet før kom nå tilbake for å uttrykke deres taknemlighet til meg.

I august 1995 hadde jeg fått samlet de 600,000 NOK og vi kunne skrive under på forhåndsavtalen. Etter at jeg hadde satt meg selv opp som et godt eksempel, begynte medlemmer fra de unge til de eldre å delta. Vi oppga ikke en egentlig bekjentgjørelse for byggings offering, men Gud rørte allikevel ved hvert et hjerte. Kirkemedlemmene meldte seg frivillig og gledelig til å gi til ofringene.

Ofringer kom ikke bare fra rundt om i landet, men også fra andre land. Snart kunne vi skrive under på selve kontrakten. Når vi adlød Guds ord, fra uken hvor vi skrev under kontrakten, ble ofringene tredoblet.

Være Sammen I Hjerte

I mai 1996, stålkonstruksjonen ble satt opp, og byggingen hadde offisielt begynt. Vi hadde planer om å ha et Spesielt 2-Ukers Vekkelsesmøte begynnende 10. juni. Vi ville ha vekkelsesmøte i det nye bederommet for å kunne ta imot flere mennesker, men vi trengte et par måneder til for å kunne gjøre ferdig alt. Med kunnskap om denne situasjonen, medlemmene hjalp til frivillig med byggingen.

Noen medlemmer tok seg fri fra deres arbeide, og noen kom direkte til byggeplassen etter deres arbeide. De bærte sement og sand, la ned mursten og fliser, og malte veggene. Hundrevis av medlemmer arbeidet sammen, og bederommet ble ferdig nær vekkelsesmøte.

Selv om takene ikke var ferdige, kunne vi holde den 4. 2-Uker lange Spesielle Vekkelsesmøte i det nye bederommet. Dette var resultatet etter at vi hadde gått forover med troen. Den første vekkelsesdagen var veldig rørende.

Gud ga oss femten beskjeder hvor hovedsitatet var Johannes 3:6. Serien fikk tittelen "Kjød og Ånd." Gud ga oss dette livsordet slik at medlemmene kunne se forskjell på kjød og ånd. Det var for å bli kvitt det kjødelige og bli et åndelig menneske. Ganske mange helbredende arbeid fant også sted for å gi ære til Gud.

En Kirke Etablert i Japan gjennom Bønner om Forståelse

Når jeg ser syke mennesker, ber jeg ofte, "Gud! La meg ta den troendes smerte og helbred ham/henne."

På grunn av at jeg gikk igjennom forferdelig smertelige sykdommer, føler jeg smerten til de syke menneskene dypt i mitt hjerte. Hvis det var mulig, ville jeg gjerne ha tatt deres sykdom slik at de kunne bli friske. Det er det samme når noen troende begår synder. Jeg ville virkelig ha frivillig gitt mitt liv hvis bare Gud kunne gi dem ånden til å angre og motta frelse.

"Gud! Hvis de kan slutte å synde når du tar mitt liv, kan du være så snill og gjøre det nå. La de alle motta frelse."

Moses ville at alle mennesker i Israel skulle motta frelse selv om det betydde at Hans navn måtte bli fjernet fra livets bok og han ville falle ned i helvete (2. Mosebok 32:32).

Apostelen Paulus erkjente hans kjærlighet ved å si at han ville at hans folk skulle bli frelset, selv om han nå ville blitt forbannet og separert fra Kristus. Jeg ville gjerne ha en slik åndelig kjærlighet. Hvis kirkemedlemmene kan motta liv gjennom min ofring, vil jeg velge å ofre meg selv.

I vekkelsesmøte som vi hadde etter byggingen av det nye bederommet, mer enn tusen syke mennesker registrerte seg. Det var spesielle møter for de syke hver dag, og jeg ba for hver og en av dem. Mens jeg ba for dem med all min styrke for mer enn 2 timer, var det nesten kveldsmøte.

Jeg tror at Gud svarte på mine alvorlige rop i min bønn, og det oppsto derfor seriøse mirakler fra den Hellige Ånd hver dag.

Det var hardt arbeide i 2 uker, men ettersom jeg ba for at hver syk person skulle bli helbredet, i håp om at Gud ville gi dem Hans nåde, uhelbredelige og sjeldne sykdommer ble helbredet. Kreft celler ble brendt og lunge, livmor, og strupekreft ble helbredet. Kropper som hadde stivnet på grunn av cerebral parese ble løsnet opp.

På dette møte kom Jekyoo Ju, General Sekretæren for de Koreanske Beboernes Statsforbund i Japan, Yamagata Prefecture, og hans kone. De erfarte Guds mirakel igjen akkurat som året før. Til og med før parret hadde kommet hit, hadde de en histori og fortelle.

I may 1995, Deakon Jus kone hadde høy feber og grusom hodepine midt på natten. Dagen etter måtte deakon Ju dra til Korea på handelsreise. Han brakte sin kone med seg og mottok en diagnose i Seoul. Det var Doktoren foreslo operasjon med det samme.

Juene

Hun kunne ha mistet hennes hørsel fullstendig, og det kunne til og med ha utviklet seg til hjernehinnebetennelse. Hun hadde ledet av tympani siden hun gikk i barneskolen. Hun hadde væske kommende fra øret, og hun hadde alltid tatt medisiner.

På grunn av morens insistering, deltok hun i søndagsskole gudstjenesten i vår kirke, og hun kom for å motta min bønn. Hun bekreftet at når hun mottok bønn, følte hele hennes kropp seg kald akkurat som en isende mynte, og smerten forsvant. Siden den gangen hadde hun ikke hatt noe væske kommende fra hennes øre. Hun var også kvitt hodepinen og andre komplikasjoner.

Neste dagen startet hun og hennes mann å komme til

vekkelsesmøte. De angret gråtende på deres synder. De mottok også den åndelige gave med å prate i tunger. I juni 1995, dro hun tilbake til Japan med hennes som var helbredet fullstendig ved Guds nåde. De ble fylt med den Hellige Ånd og ga takke til Gud for Hans nåde.

Når hun dro tilbake, følte hun noe rart med hennes kropp. Når hun dro til hospitalet for undersøkelse omkring 3 uker senere, fant hun ut at hun var gravid. Siden hun giftet seg i 1991, hadde hun også hatt hjerteoperasjon og doktoren sa at det ville bli vanskelig for henne å bli gravid, og hvis hun så ble gravid, ville de bli farlig.

De hadde vært gift i fem år og det var bare 8 måneder etter hjerteoperasjonen. Men de var sikre på at det var en Guds velsignelse som til og med hadde helbredet hennes uhelbredelige sykdom. I mars 1996 var deres første sønn Shiyoung født. Men deres lykke varte ikke lenge, for han hadde en sykdom som heter kretiner sykdom.

Det var en lammende sykdom som ødelagte danningen av hormoner, så han kunne vokse opp bare ved hjelp av hormon medisiner. Hvis han ikke tok hormon medisinene, ville hans kropps nederdel ikke vokse i det hele tatt, og hans hode ville vokse større på grunn av vanskapthet. Sykdommen kunne til og med drepe han.

I may 1996 ofret parret en svoren bønn om helbredelse av deres sønn Shiyoung. De kom tilbake til Korea året etter for å være med på vekkelsesmøte. De ble rørt av budskapene og var også sikre på at deres sønn var helbredet. De sluttet med å gi Shiyoung medisinene og la alt sammen i Guds hender. Etter at de dro tilbake til Japan, ble Shiyoung frisk og vokste opp normalt. Etter flere måneder, dro han til hospitalet for en sjekk og hans hormon nivå var nå normalt.

Dette parret var fulle av Guds nåde. De stoppet aldri med å forkynne om evangeliet og be. I juli 1997, seks mennesker kom sammen hjemme hos dem hvor de hadde deres første gudstjeneste. Siden da har antall mennesker bare økt, og de spurte om en misjonær kan bli sendt dit. Så i September 1999, sendte vi ut prest Kangsup Jang fra vår kirke. Akkurat nå har de en stor kirke i Yamagata hvor de har en fantastisk prestetjeneste. Parret Ju hadde også en sønn til og en datter. De har en frisk og lykkelig familie.

Utvide den Utenlandske Misjonen

Mitt navn begynte å bli kjent rundt Washington D.C., og hvert år ble jeg invitert til å komme til Amerika. I februar 1996, begynte jeg å forkynne budskapet i den Koreanske Forente Marsj og Prestenes Møte som ble holdt av de Hawaii Koreanske Kristelige Kirker. Møtet ble holdt i den Honolulu Koreanske Baptist Kirke med tittelen 'Forny Oss'.

Fordi den første Koreanske presidenten, Syngman Rhee, etablerte en kirke i Hawaii, trodde jeg at de hadde en intens tro. Men når jeg dro dit fant jeg ut at det ikke var mange kirker og at det var mange vanskeligheter. Ifølge prestene, var det mange kirker som lukket på grunn av krangel mellom prestene og kirkemedlemmene.

Den Hawaii Koreanske Kristelige Kirke Foreningen var ledet av Biskop John Park fra den den Anglikanske Kirke. Han var en poet, og syntes til å være en stille person. Helt fra begynnelsen av mottok han mye velsignelse.

En Omstridt Kirke Ble Forandret

I 3 dager forkynte jeg om budskapene 'Hvorfor Gud er vår Frelser', 'Kjødelig Tro og Åndelig Tro', og 'Evig Liv ved å Spise Kjøttet og Drikke Blodet til Menneskesønnen'.

Jeg hørte at i første omgang nektet kirkemedlemmene å bruke deres kirke for dette møte. Men så snart det første møte sluttet, ble mange av de troende rørt, og den generelle holdning forandret seg. De ga oss god mat og andre dyrebare ting.

Hawaii Forente Kampanje

Etter at hele møtet var over, tilsto en av prestene i den kirken med tårer i øynene, "Denne kirken har dette problemet fordi jeg var arrogant. Det er min feil." Idet presten ga seg selv skylden og forandret seg selv, forandret også kirkemedlemmene seg. Jeg stolte på at Gud ville løse alle problemene i kirken og takket derfor Gud for dette.

Samtidig var det to preste konferanse møter. Jeg prøvde å gi prestene tillit om at de kunne klare dette. Etter konferansen, en eldre prest tilsto gråtende, "Det er ikke på grunn av at min menighet gjorde noe galt. Det er min feil. Det er på grunn av at jeg var ond."

En prest sa, "Jeg hadde ingen steder å dra, og jeg trodde at jeg

Washington Store Evangelistiske Kampanje

bare skulle dø. Men jeg mottok velsignelse og styrke, og nå har jeg selvtillit. Jeg kan klare det nå." En annen prest sa, "Jeg har hatt selvtillit i meg selv som en religionslærer, men jeg vil nå lære fra begynnelsen igjen." Det var en rørende tilståelse som kom på grunn av ydmykhet.

Etter at alle møtene var ferdige, sa jeg farvel til prestene. Biskop John Park sa, "Jeg har bare hørt om apostlene for 2,000 år siden, men nå, ser jeg en apostel gjennom deg." Mange prester kom til flyplassen og uttrykte gråtende deres følelse av fortapelse da de måtte sende meg hjem igjen. Det rørte også ved mitt hjerte.

En Som Var Helbredet i en Drøm

Fra 26. til 28. september, 1997, 'Den Store Evangeliske Kampanjen' ble holdt av Washington Kristelige Radiostasjon, i en kirke i staten Virginia, med den generelle tittelen 'Herre, Forny Washington og Baltimore'.

Mange koreanske i Amerika som kom til dette møte kom fra Washington D.C., Maryland, Virginia, New York City, og til og med så langt unna som Toronto, Kanada. Jeg forkynte om budskapene med titlene, 'Hvorfor er Gud vår Frelser?', 'Kjødelig Tro og Åndelig Tro', og 'Evig Liv ved å Spise Kjøttet og Drikke Blodet til Menneskesønnen'.

Under prestenes konferanse som ble holdt under vekkelsen, ga jeg et budskap med tittelen 'Hemmeligheten om Kirkens Utvidelse'. Mange prester kom fra forskjellige kirkesamfunn.

Dagen etter, den 29. September, ble den Koreanske-Amerikanske Marsj holdt av Maryland Koreanske Kirkesamfunn i Baltimores Forenede Presbyteriske Kirke. Denne vekkelsen var ikke bare besøkt av koreanere, men også rundt 1,500 lokale ikke koreanere, som gjorde det til en festival for å forene forskjellige mennesker.

Men det var noen forstyrrede arbeidere fra djevelen som prøvde å stoppe meg fra å forkynne i dette møte. Dette møtet skulle egentlig ha foregått i en kirke hos en bestemt prests. En mistforståelse oppsto etter at han hadde hørt noen baktalte ting som ble sagt om meg. Som resultat av dette nektet han å å ha meg som en preker. Han ville heller ikke at hans kirke skulle bli brukt til et slikt møte.

Men Gud ble kvitt forstyrrelsene til Satan gjennom en drøm som denne presten hadde hatt. Han hadde før hatt en kronisk sykdom på hans ryggrad, og han hadde derfor mere enn 10 metall pinner i hans ryggrad. Hans ryggsmerter var forferdelig sterke.

Men før møtet, kom jeg til syne i hans drøm og ga ham litt aspirin. Når han våknet var hans smerte borte. Ved et mirakel hadde han blitt helbredet, og han var veldig overrasket. Senere sa han, "Det er Guds vilje at dette møtet skal bli holdt. Pastor Jaerock Lee er ikke en vanlig person. Han er en tjener som Gud arbeider sammen med."

Han overtalte andre prester også og gjorde det slik at vekkelsen ble en sukksess.

Vekkelsen ble holdt som planlagt i prestens nydelige kirke som var bygget av sedertre. Han var så overrasket over å se meg fordi jeg var nøyaktig den samme personen som han hadde sett i hans drøm. Han mottok oss hjertelig.

Dagen hvor jeg ga budskapet med tittelen, 'La Oss Bli En Og Den Samme Med Herren'. Det var en uoverenstemmelse mellom koreanerne og noen av de afroamerikanske som bare kunne bli løst av Herren. Så jeg anmodet dem om å overvinne rase hindringen med Herrens kjærlighet.

Denne handlingen om å bidra til den lokale utviklingen og minske spenningen mellom rasene ble anerkjent av staten Maryland. Governøren for Maryland ga meg en takknemlighetsplaque, og jeg mottok også en borgerskapelig æresattest fra borgermesteren i Baltimore. Alt dette var Guds velsignelse.

Argentinske Prester med Åndelig Lengsel

I 1996, fra 21. til 23. juli, holdt jeg en preken med tittelen 'Hemmeligheten Vedrørende Utvidelse av Kirke' på en prestekonferanse og et vekkelsesmøte for koreanere i Buenos Aires. Det var støttet av mange kristne organisasjoner i Argentina.

Mer enn tusen prester kom til denne konferansen og mange ble rørt, og samme slags konferanse ble igjen holdt året etter ifølge deres oppfordring.

Den neste preste konferansen og vekkelses møte ble holdt på Matansa Nasjonal Universitetet, Buenos Aires, fra 15. til 16. oktoberholdt. Arrangørene forventet rundt 300 prester, men mer enn tusen prester kom og vi måtte derfor flytte oppholdsstedet til den største kirken i området.

Lengselen fra prestene var så stor at vi fortsatte med konferansen til klokken tre og hoppet over lunsj. Prestene ville så gjerne høre på budskapet at jeg bare kunne avslutte etter at jeg lovet dem at jeg skulle ha en annen konferanse igjen neste gang. Prestenes andre konferanse og vekkelsesmøte hadde en total oppmøtelse av 8,000 mennesker.

Den koreanske ambassadøren til Argentina deltok på den

Argentinas Prestekonferanse (1996)

Kirke Innvielse med Borgermester Barella

Argentina Kampanje

tiden i møtet og sa, "Jeg takker Pastor Jaerock Lee for gaven han ga til Argentina om den lidenskapelige troen til de koreanske kirkene som sender ut forkynnelse." Han vurderte denne vekkelsen veldig høyt ved å si at det var et stort diplomatisk bidrag fra den sivile sektoren.

Mange mennesker var også helbredet av de voldsomme arbeidene til den Hellige Ånd i denne vekkelsen. Dette er spesielt sant for Presten Eduador Lecio, Presidenten for det Argentinske Kristelige Kirkesamfunnet. Han ble helbredet av hans hudkreft og kroniske maveproblemer og ga ære til Gud.

Liv blir Vendt fra Fortvilelse til Håp

Alle har tider hvor det går opp og ned her i livet. Men hvis de har uhelbredelige sykdommer eller finner ut at det er for sent å helbrede deres sykdom med medisin, kan de gjerne falle inn i fortvilelse. Men Guds kjærlighet knuser ikke et knekket rør og slokker ikke en ulmende veke. Og i Hans kjærlighet viser Han alltid mirakler til de som spaserer med troen.

En Tre Kilogram Klump Forsvinner

Diakonesse Soonshim Kang begynte å gå til Manmin kirken. I juni 1997, følte hun en klump like stor som et egg. Når hun våknet på morgenen, var hennes kropp hoven. Hun følte tyngde i hennes underliv. Hun hadde også vanskeligheter med å spasere og ble fort andpusten.

14. juni ble hun diagnostisert på Jeonnam hospitalet. Hun

hadde en stor klump så tung som 3kg, og det var en svulst som heter livmorsmyom. Det var det siste steget til livmorskreft. Doktoren sa at fordi om de fjernet klumpen, hadde den mer enn 10 små røtter rundt seg, så den var uhelbredelig og dødelig.

Hun kunne bare spasere med hjelp fra andre. Når hun la seg ned, ville ikke hennes mave gå inn, men heller stikke ut på grunn av klumpen. I stedenfor å starte den håpløse operasjonen, spurte hun heller Gud om nåde og mottok bønnen for de syke som var innspilt på den Automatiske Telefonsvarer Systemet.

Fordi hun hadde sett og hørt om Guds arbeide mens hun gikk i Yeosu Manmin Kirken, hadde hun troen om at hun kunne bli helbredet hvis hun stolte på Gud.

2 år tidligere, I mai 1995, diakonisse Soonshim Kang evangeliserte hennes tante, Eumjeon Kim og de deltok sammen i den 3. vekkelsen. Denne damen hadde fjernet to av hennes brusker fra hennes rygg. Hennes rygg var bøyd på en 90 graders vinkel, og hun hadde ikke kunnet spasere ordentlig de siste 10 årene.

Selv om det ikke var noen medisinsk helbredning for hennes rygg, ble den rettet opp når hun mottok bønn bare en gang i et vekkelsesmøte. Siden da, har Eumjeon Kim spasert komfortabelt og kan stå oppreist med en rett rygg.

25. juni, 1997, diakonisse Kang hørte at jeg skulle holde et vekkelsesmøte for åpningen av det nye sanktiarium på Ulsan Manmin Kirken. Hun kom der til vekkelsen. Hun hadde troen på at hun kunne bli helbredet hvis hun mottok bønn fra meg. Gud helbredet henne fordi hun hadde troen.

Når hun mottok bønnene, arbeidet ilden til den Hellige Ånd på henne. Siden da kunne hun ikke lenger føle klumpen i underlivet, og alle symptomene var borte. Hun dro til hospitalet etter en måned, og doktoren var veldig overrasket.

"Når hadde du operasjonen og fjernet svulsten?"

"Jeg har ikke hatt operasjon. Jeg ble helbredet ved å motta bønner fra en prest. Gud helbredet meg."

Hun fikk tilbake sin helse fullstendig, og har blitt en trofast arbeider for Herren.

Helbredet Av Landbrukskemikalisk Forgiftning

På Ulsan Manmin Kirkens nye sanktuarium åpningsgudstjeneste, var Okja Kim der i sykehus klær. Hun hadde en historie og fortelle.

Hun giftet seg når hun var 18 år gammel og de arbeidet som gårdbrukere. Etter at hun hadde vært i en ulykke, kunne hun ikke lenger ha barn og hun levde hver dag med en viss skyldfølelse.

Hun hadde mange familieproblemer og 17. juni, 1997, var hun involvert i en krangel med hennes familiemedlemmer. Til hennes families forbauselse, drakk hun en hel flaske med landbrukskjemikalie som heter 'Gramoxone'. De tok henne til hospitalet.

Doktoren sa at det var en veldig sterk forgiftning som kunne forårsake død bare ved å ta det på munnen. Det var ingen motgift, og hun kunne ikke leve i mere enn 15 dager. Doktoren ba hennes familie om å gjøre istand til en begravelse. Men hennes yngre bror som gikk i vår kirke forkynnet evangeliet til henne og lot henne høre på kassettbåndet med prekenen av 'Korsets Budskap'. Han arrangerte også slik at hun kunne motta 'Bønner for de Syke' på den Automatiske Telefonsvareren.

Presten og medlemmer av Gwangju Manmin Kirken tok godt

vare på henne og grunnla troen i henne. Hun fikk tilbake lysten til å leve og den 25. juni kom hun til Ulsan Manmin Kirken. Når hun mottok min bønn, svetttet hun forferdelig.

Når hun var på vei tilbake til Gwangju etter at vekkelsesmøte var over, svettet hun så mye at hennes klær var blitt kliss våte. Hennes kropp ble veldig varm og smertene fortsatte. Senere fant hun ut at det var på grunn av at giften til landbrukskemikaliet ble drevet ut fra hennes kropp. Det var på dette tidspunktet at ilden til den Hellige Ånd brant giftet.

Okja Kim var helbredet fra Gift og fødte sin førstefødte i hennes 21 års ekteskap

Dagen etter var det et mirakel. Hennes smerte var forsvunnet, og hennes kropp var komfortabel. Hun hadde også fred i sinnet. Doktorene var også overrasket og holdt en grundig undersøkelse. Hennes ødelagte spiserør, svekkede lever og lunger, og alle de andre kroppsdelene hadde frisknet til og var nå normale.

I tillegg, når hun hadde drukket landbrukskemikaliet, en dråpe falt på hennes øye, og hennes venstre øye var derfor nesten borte. Hun skulle ha mistet synet sitt eller hatt seriøse syns problemer, men et par dager etter at hun hadde mottat bønnene, var hennes øyne fine og med normatl syn.

I november 1997, kom hun til Seoul med Gwangju Manmin Kirke medlemmer for å være med på fredagens nattgudstjeneste, og for å motta mine bønner en gang til. Hun følte at noe rart skjedde med hennes kropp etter en måned. Hun dro til hospitalet og sjekket. Hun var gravid! Før, på grunn av hennes kropp, kunne hun ikke få barn. Men med Guds velsignelse ble hun gravid etter å ha vært gift i 21 år.

Hun hadde vært sønderknust etter at hun hadde gått gjennom mangfoldige vanskelige situasjoner fordi hun ikke kunne ha barn. Men når Gud rørte ved henne, ble hun helbredet med det samme. Hun fødte en sønn og lever nå lykkelig.

Den Hellige Ånd Arbeider gjennom Bønner ved bruk av Innspilte Telefonsvarere

Arbeidet til den allmektige Gud fant sted til og med gjennom en død ting som maskiner. Ilgon Cho ofret kirken en Automatisk Telefonsvarer med innspilte bønner for de syke.

Etter at han begynte å komme til vår kirke, ble hans datter helbredet av meteorisme, og han var også selv helbredet av en kronisk hud sykdom. Gud viste oss mange sterke verk fra den Hellige Ånd gjennom denne bønnen innspilt i telefonsvareren.

Det er slik det skjedde i familien til Dalyong Lee i 1996. Hans søster Boksoon Lee satt barnevakt for hennes 2 måneder gamle nevø Jungtaek. En stor drue kom inn i munnen på spedbarnet, ble svelget og satt seg fast. Hans ansikt ble blått, og han begynte å miste bevistheten på grunn av kvelningsanfallet.

Druen blokerte luftkanalen. Boksoon Lee og moren til barnet tok ham til et lokalt sykehus. Druen ble sittende fast inne i den høyre lungen, og det var massevis av blod rundt den. Den venstre lungen ble større og det var dødelig for hjernen.

I skadestuen mistet spedbarnet fokuseringen, og hans netthinne begynte også å tørke opp. En oksygenmaske hjalp ikke med å få han til å puste. Når de ga ham elektrisk sjokk slo hans hjerte svakt. Men hver gang stoppet det innen 30 minutter.

Når faren fortalte doktoren at han ville flytte barnet til at annet hospital, var ikke doktoren enig med det første. Doktoren forklarte ham at selv om barnet overlevde, ville han bli svak mentalt eller alvorlig handikapped på grunn av at hans hjerne hadde allerede blitt skadet. Doktoren ba faren om ikke å gi spedbarnet større vanskeligheter og lidelser.

Av en eller annen grunn var spedbarnet tatt inn til Samsung Medisin Senter med forutsetning av at sykehuset ikke ville ha noen som helt ansvar for hans liv. På grunn av dehydrering trengte de å starte en intravenøs, men de kunne ikke finne noen vene. Doktoren sa at spedbarnet var for ung til operasjon, og det var lite håp om overlevelse.

På det tidspunktet, var Dalyong Lee og han kone ikke troende. Men på grunn av anmodning fra Boksoon Lee, hans søster, mottok de bønner som var innspilt på telefonsvareren. Boksoon Lee ba for barnet og holdt en 3 dagers faste. Dalyong

Lee fastet også i 3 dager og mottok bønner fra innspillingen i telefonsvareren hver dag. Da begynte barnet å gjenvinne helsen.

Rundt tiden hvor den 3 dagers fasten var over, ble barnet flyttet fra skadestuen til hovedavdelingen. Innen en uke hadde spedbarnet som originalt hadde vært døende fått helsen igjen fullstendig. Det var meningen at han skulle hatt hjerneproblemer selv om han overlevde, men hans hjerne var fin. Til og med frøene til druene i hans lunge var vekk. Gud smeltet dem ned med ilden til den Hellige Ånd. Doktorene var forvirret.

Det var gjennom dette at Dalyong Lee og hans kone begynte å tro på kjærligheten og Guds allmektige makt. De aksepterte Herren og ble kristne. Sønnen deres Jungtaek vokser opp til et

Dalyong Lee og hans sønn Jungtaek, gjenopplivet av Guds nåde (1996)

Jungtaek er nå en frisk gutt.

fint barn som mottar kjærlighet i kirken og i hans skole.

Gjennom Satelitt Gudstjeneste

Våre kirkegudstjenester blir sendt over hele Korea gjennom satelitt. Det er gjennom hans satelitt gudstjeneste at den Hellige Ånds arbeide har funnet sted i alle små kirker. I juli 1998, ble Eunkyeong Shin helbredet av hennes sykdom da hun kom til Masan Manmin Kirken for første gang.

Eunkyeong's mor spurte, "Eunkyeong, jeg var med på gudstjenesten i Masan Manmin Kirke, og jeg fikk fred. Hvorfor kommer du ikke med oss?"

Eunkyeong var den gangen i 8. klasse. Hun var overrasket over å høre hennes ikke troende mor prøve å overtale henne til å gå i kirken med henne. Så hun begynte å gå til Masan Manmin Kirken. Helt fra hun var i 3. klasse, Eunkyeong led av nevrose, mangel på styrke, liten appetitt, magekatarr, og hodepiner. Det var vanskelig for henne å studere.

Når hun var i 4. klasse, fikk hun plutselig vanskeligheter med å puste. Mens hun slo seg på brystet, besvimte hun og ble sendt til sykehuset. Når hun kom inn på ungdomsskolen hadde hun helvetesild. Hele hennes kropp klødde og stakk. Hun kunne ikke sove på grunn av voldsom hodepine. Hun følte det som om hennes hode skulle sprenges.

Hun var så tynn at det var bare hud og ben igjen av henne. Hun tok medisin, men hun fikk ikke helsen tilbake veldig lett. Hennes familiemedlemmer led også. Hun hadde vært i kirken siden hun var ganske ung, men hun hadde ikke sann tro. Hun hadde alltid hatt smerter, hadde derfor ikke hatt noe håp i livet.

12. juli, 1998 var hun med på søndagsgudstjenestens satelitt

gudstjeneste i Masan Manmin Kirken. Etter budskapet, var det bønner for de syke, og hun la sine hender på de syke delene og mottok bønnen. På det tidspunktet, helbredet Gud alle hennes sykdommer ved ilden til den Hellige Ånd.

Alle smertene ble borte momentant. Siden da har hun ikke tatt noen form for medisin. Hun lever et sunt liv og synger solo i vår kirke.

Forkynne om et Stramt Budsjett til IMF

2. november, 1997, på søndagens morgengudstjenesten, annonserte jeg at jeg hadde arrangert for å ha buss polletter tilgjengelig i kirkens mottakingsværelse. Hvem som helst kan bruke dem for å komme til kirken.

På den tiden var det ikke mange koreanere som hørte akronymet IMF som står for 'Internasjonale Penge Fond'. Jeg visste det heller ikke, men på grunn av at Gud fortalte meg at den koreanske økonomien var i vanskeligheter, gjorde jeg istand transportbilletter for de medlemenne som satt i vanskelige økonomiske situasjoner.

Før en måned hadde gått, pratet pressen om IMF tiden i Korea. 21. november, 1997 var landet i en økonomisk krise. Regjeringen spurte om et lån fra IMF og den koreanske økonomi gikk helt i opprør. Mange firmaer gikk konkurs, og mange mennesker mistet deres arbeide og ble satt på gaten.

Jeg prøvde også å stramme inn på mitt budsjett. Jeg ba min

familie om å ikke lage istand mer enn 3 tilbehør til hovedretten utenom ris. Jeg ba dem også om å redusere antall ganger de gikk til butikken. Det var en selvfølge at jeg måtte stramme mitt belte først, fordi kirkemedlemmene hadde det også hardt økonomisk.

Det var lenge før dette skjedde at jeg først fikk vite om den kommende økonomiske krisen. I desember 1995, fortalte Gud meg at det snart ville bli en økonomisk krise i Korea og ba meg å stramme inn på budsjettet.

Så 28. januar, 1996, forkynte jeg om "Velsignelser gjennom Enkelthet" i kirkearbeidernes gudstjeneste. Jeg rådet kirken til å redusere deres budsjett på hvert område. Jeg brukte ikke noe av lønningen eller busjettet fra kirken til presteaktivitetene. Jeg ofret dem alle tilbake til Gud.

Når de som var helbredet og mottok velsignelse gjennom bønner ga deres takknemlighet, samlet jeg inn ofrene og ga dem til Gud for donasjoner til veldedige formål og til misjonær arbeidene.

Gud ga meg mye økonomisk velsignelse, men det er en vane for meg å spare hvert øre. Det er for å hjelpe bare en person til i nød og gjøre mer misjonær arbeide.

Vår kirke var heller ikke i en god økonomisk situasjon, men vi hjalp fremdeles andre kirker som hadde vanskeligheter, spesielt de kirkene i landsbygda, og uansett deres denominasjon. Kirken gjorde også sitt beste for å hjelpe til med donasjoner til veldedige formål og til stipendium, slik at ingen av medlemmene ville sulte og det ikke ville være noen studenter som ikke kunne gå på skolen på grunn av undervisningsavgift.

Kirkens 15. Fødselsdag

12. oktober, 1997 kom det mange mennesker for å feire kirkens 15 års fødselsdag. På den tiden hadde vi en spesiell gjest. Den eldre Heeho Lee, konen til Kim Daejoong, president av Folkenes Nye Politiske Samlings Parti, og et medlem av den Asia-Stillehavs Freds Stiftelsen besøkte oss for å feire vår fødselsdag.

Ettersom året gikk, måtte vi delta i flere misjonær arbeider støttet av forskjellige koreanske kirkeforeninger, og det var mere etterspørsel etter vår støtte. Så vår kirkes opptredings grupper var også veldig opptatte. 5. februar, 1998, ble jeg invitert til Osan-ri Fastende Bønne Fjell som en taler og forkynte budskapet. 19. mai, var jeg involvert i bevegelsen om 'Ingen Vold i Skolene' som den administrerende formann til det Anklagende Evangeliserings Forbund.

Vår kirkes Nissi Orkester hadde begynt å bli godt kjent blandt det kristelige samfunn og de spilte i mange begivenheter.

De spilte for 'Å Overvinne Nasjonalkrisene gjennom Bønner'

Den eldre Heeho Lee, Koreas tidligere førstedame, i Kirkens 15. års Jubileum

konferansen som ble holdt i Jamsil Olympiske Hovedstadion, 'Veldedighetskonserten for de Fattige', 'Lovprisnings Konserten' som ble satt sammen av Anklagernes Evangeliserings Forbund, den 15. Påske Begivenhetens Musikk Festivalen som ble satt sammen av Det Kristelige Kringkastings Systemet, den 44. fødselsdagen til Det Kristelige Kringkastings Systemet, og Det Kristelige Kringkastings Systemets Åpenbaring om den 21. Århundre Bevegelsen. De opptrådde også i mange andre lokale forestillinger rundt om i landet.

Mine prekener ble kringkastet for 980 minutter i uken på

Den Fjerne Østens Kringkastings Firma og på Den Kristelige Kringkastings Stasjonen. Prekenene ble også kringkastet i andre land blant annet Amerika, Russland, Kanada, og Australia.

I august 1998, Internettets direktesending ble startet fra vår kirke. Gjennom denne kringkastingen, mange helbredelser fant også sted. I lokale sanktuarium i Korea, hadde de mottat satelitt gudstjenester samtidig siden desember 1996.

"Kampanjen Vedrørende Ingen Vold i Skolene"

Verdensmesterskapets Misjonens Åpningsgudstjeneste for 2002

Nissi Orkesteret i Forskjellige Kristelige Begivenheter

Gud Vil Ha Hveten

Utvidelse av vår misjonsområde er også viktig, men kjernen til vår prestetjeneste er å få de troende til å like hvete som i Matteus 3:12. Her står det, *"han har sin kasteskovl i sin hånd, og han skal rense sin låve og samle sin hvete i laden, men agnene skal han brenne op med uslukkelig ild."*

Gud vil at Hans barn skal bli virkelig hvete, og det er derfor Han fører denne menneskelige kultivasjonen til idag. De kristelige skulle kunne erkjenne om de er virkelig hvete som elsker Gud og lever ifølge Hans ord, eller søppelet som elsker verden og bringer skam over verden med deres kjødelige begjær, og deres øynes begjær, og skrytende stolthet av dette livet.

Hveten kan nå evig liv og gå til himmelen, men klinten vil falle inn i helvetes flammer og lide i all evighet. Hvis vi drar til himmelen, vil vi også ha forskjellige oppholdsteder og ære, ifølge vår tro og gjerninger. Mange deler av Bibelen forteller oss om dette faktum.

Apostelen Paulus fortalte i 1. Korintierne 15. kapittel om oppståelsen, *"Solen har en glans, og en annen månen, og en annen stjernene; for den ene stjerne skiller seg fra den andre i glans"* (Paulus 1. brev til Korintierne 15:41). Ifølge hva vi har gjort på jorden vil vi motta æren av solen, æren av månen, eller æren av stjernene.

Å Elske Gud

I Johannes 14:15 ble det skrevet ned at Jesus sa, *"Hvis du elsker Meg, vil du holde Mine Budskap."* Å holde Hans Budskap er å gjøre hva Gud ber oss å gjøre, ikke gjøre hva Han forteller oss ikke å gjøre, kaste vekk hva Han ber oss å kaste vekk, og å overholde Hans Lov.

Salomons ordspråk 8:13 sier at å frykte Gud er å unngå ondskap, og 1. Tessalonikerbrev 5:22 sier at de som virkelig elsker Gud vil kaste vekk all form for ondskap.

Hvis vi lever i lyset og ifølge Guds ord, kan vi ha Herrens hjerte og bli åndens menn. Vi kan også videre få kvalifikasjonene til å komme inn til det Nye Jerusalem hvis vi er trofaste i alle Guds hus og vokser for å bli mennesker med en fullkommen ånd.

Når jeg var en ung gutt min mor dro til markedet med en tung last på hodet. Til og med den nærmeste distanse var 12 km, og 24 km for å gå dit og tilbake hjem igjen. Når jeg var rundt 5 eller 6 år gammel, fulgte jeg henne alltid til markedet.

Jeg måtte spasere fra tidlig på morgenen til sent på kvelden, men jeg viste dem ikke at bena mine verket forferdelig, fordi jeg likte heller å være med min mor enn å være hjemme alene. Det var mange ting og se på markedet, og tingene som fanget min oppmerksomhet fullstendig var godteri salgsmennene.

Jeg fikk vann i munnen bare ved å se de mange søtsakene. Vi hadde bare søtpoteter og mais som snacks. Men det var ikke nok. Det var umulig for henne å ikke se mitt ønske om godteriene.

Da ville jeg høre henne si, "Jaerock, vil du ha noe godterier?"

Hun var like ved å ta ut 60 øre som hun hadde beholdt i hennes lomme. På det tidspunktet tok jeg hennes hånd og sa, "Mor, jeg vil ikke ha det. La oss komme oss vekk fort."

Med 60 øre kunne vi kjøpe mye søtsaker. Men min mor spaserte så langt for å spare buss pengene. 60 øre var virkelig mye penger for henne. Fordi jeg visste om dette, prøvde jeg å holde tilbake min appetitt for søtsaker.

Jeg prøvde mitt beste med å ikke skape problem for mine foreldre og å glede dem. Siden jeg møtte Gud, min ånds Fader, mitt eneste ønske er nå å tilfredsstille Ham.

Hvis jeg har ondskap i meg som Gud hater, hvor sørgmodig ville Han ikke bli! Jeg kunne ikke akseptere slik ondskap. Jeg begynte å kaste bort ondskapen i mitt hjerte med fasting og bønner.

2 Kapittel

Hvem Skal Vi Høre På?

Gud Viste Oss Ting Som Vil Skje i Fremtiden

Fra Nyttårsgudstjenesten i 1998, fortsatte jeg med å gråte. Jeg gråt ofte mens jeg sto på prekestolen og talte. Dette fortsatte i ett år. Fordi Gud fortalte meg at det ville bli prøver i kirken og at det ville bli noen som ville bedra meg med deres egoistiske hensikter, måtte jeg be men sørgmodighet.

Gud fortalte meg at gjennom de tre prøvene, ville Han plukke ut ugresset, og hveten og klinten ville bli oppdelt. Det var Guds forsyn å utrette en verdensmisjon og bygge det Mektige Sanktiarum gjennom Hans hellige barn.

I mai 1998, etter at vekkelsesmøte var over, viste Gud meg et syn av det Mektige Sanktuarium som ville bli bygget på slutten av livet i Guds forsyn. Han viste meg også en scene rett etter at Begeistringen fant sted. Jeg så veldig mange mennesker som var med på gudstjeneste i det Mektige Sanktuarium. For en kort tid ble taket åpnet i en kors formering og mange troende ble fanget opp i luften. De som ble fanget opp ble endret til åndelige kropper i hvitt laken.

Men jeg kunne også se noen som ikke var fanget, men som var etterlatt på jorden. Når de fant ut at de ikke ble fanget opp, var de veldig fortvilet. Noen av dem besvimte på grunn av skuffelse. Andre sørget og slo i gulvet.

Blant de som ikke ble fanget opp var ledende prester og kirkearbeidere som arbeidet med meg. Selvfølgelig visste jeg hvorfor det skjedde slik. De trodde at de var troende, men i Guds øyne var de ikke hvete, men klint.

De som ble igjen på jorden rev og slet i deres hjerter og angret, men døren til frelse var allered lukket. De kom sammen i det Mektige Sanktuarium for å be og ære Gud. Men den Hellige Ånd hadde allerede dratt, og de kunne ikke motta noen ære fra Gud. Det var ondskapens verden som var kontrollert av djevelen, og de kunne derfor ikke motta noen hjelp ifra den Hellige Ånd.

En Bryllups Festmiddag i Himmelen, Prøvelser på Jorden

Troende som er som hvete vil bli fanget opp i luften, møte Herren, og delta i den Syv Års Bryllupsfesten i luften. De vil tilbringe tiden som om det var en drøm. I mellomtiden, vil det bli Syv Års Mektige Prøvelser på jorden. I løpet av denne tiden, som det var skrevet om i boken om Åpenbaringen, den Tredje Verdenskrig vil begynne. De sterkere nasjonene vil bruke deres våpen som masseødeleggelse og atomvåpen. Jorden vil se prøvelser som en aldri før har opplevd.

Det Mektige Sanktuarium som ble bygget av vår kirke ble tatt av den onde gruppen og ble brukt som en plass for mishandling. Noen vil overleve kalamiteten med den Tredje Verdens Krig, men så fort den antikristne viser seg, vil de ikke kunne fortsette deres liv uten å motta 666 merke. Det er på grunn av at han vil nekte all kjøp og salg uten merket på pannen eller på den høyre siden (Johannes' åpenbaring 13:16-18).

Det 666 merket er det samme som en billett til helvete, og de som kjenner til dette vil dra til fjellene for å unngå å få dette merket. Men de vil bli forfulgt og grepet. Hvis de nekter å motta 666, vil de bli torturert.

Gud viste meg scener fra torturmetodene. Utstyret som ble brukt i torturmetodene var virkelig fryktelige og laget med sofistikert teknologi. Noen nekter Jesus i torturen og mottar 666 merket. De vet at de ikke kan bli frelset hvis de nekter Jesus og mottar det 666 merket, men de kan ikke overvinne torturmetodene.

Bare forestille deg dine elskede barn eller foreldre som mottar utenkelig redselsfulle torturer. Det er forferdelig vanskelig å overvinne smerten og bli en martyr. De som overvinner slike torturer og blir martyrer vil motta den skamfulle 'Ettersankings Frelsen'.

Å Holde fast på Gud med Sorg og Tårer

Fr. 'H' var prest i min kirke. Gud ga henne mange sjanser til å angre og gå tilbake, men hun gjorde det aldri. Gud ga henne en veldig spesiell gave og Hans velsignelse, men hun ble bare arrogant. Hun begikk synder og lagde vanskeligheter for kirken. Helt til slutten ville hun ikke kaste bort hennes egoistiske motiveringer. Gud snudde til slutt hode til henne.

På dette tidspunktet mottok hun arbeid ifra Satan. Hun trodde hun kunne kontrollere hele kirken hvis hun bare kunne ødelegge meg. Hun la onde planer med noen andre mennesker i kirken. Hun ga noen falske rapporter til en kringkastingsstasjon og bedro mange mennesker.

Til slutt begynte hun med ærekrenkelse og forlot kirken. Jeg så i åpenbaringen at hun hadde blitt satt i den 7-års Mektige Prøvelse og ble torturert. Jeg var så sjokkert at jeg gikk inn i sorg fordi jeg hadde settt menneskene som ikke hadde blitt tatt med opp i himmelen, men etterlatt på jorden.

Jeg ba, "Gud Fader, ikke en eneste sjel bør være igjen på jorden. Spesielt de som lærer andre, de ledende prestene og kirkearbeiderne burde aldri bli igjen på jorden for så å gå inn i den 7-års Mektige Prøvelsen. Vennligst la dem angre og snu seg vekk, og motta velsignelse."

Jeg ville ikke gråte over små ting, men fra stunden hvor jeg hadde sett denne scenen, gråt jeg ofte. Når jeg dro til fjellet for å be, holdt jeg bare fast ved Gud med tårer, og spurte ham om ikke å forlate dem.

Den Sjelelige Verden Åpnet Seg

Fra 4. til 14. mai, 1998, den 6. Spesielle 2-Ukers lange Vekkelsesmøte var holdt med temaet 'Gud Er Lyset'. De fleste kirkemedlemmene gjorde seg istand til den med fasting og bønner. Etter at vekkelsen var over, hadde mange av dem deres åndelige øyne åpne og ble fulle av Guds velsignelse.

Hvis vi elsker Gud vil vi be hele tiden. Vi vil høre Hans stemme og lengte etter å se det åndelige rike. Det er nemlig akkurat som når vi vil møte og prate med våre elskede hver dag, hvis vi elsker Gud Faderen vil vi alltid ønske å se Ham og å høre Hans stemme.

Gud så våre kirkemedlemmer prøve å leve ifølge budskapet og å leve i lyset. Han helte velsignelse ned på dem og mange av dem kunne se det åndelige rike. Mange ting fant også sted gjennom ting hvor de kunne erfare Guds arbeide direkte. I Jakobs brev 1:17 finner vi at det er skrevet om det, *"All god gave og all fullommen gave kommer ovenfra, fra lysenes Fader, hos hvem det ikke er forandring eller skiftende skygge."*

I Apostelens gjerninger kapittel 3, får Peter en lam mann til å stå oppreist. Når Peter og John preket om oppståelsen av Jesus, var det 5,000 menn som aksepterte Jesus på bare en dag. Disse embetsmennene, menighetens eldste, og skriftlærde som ikke likte de gode nyhetene med oppvekkelsen ringte til apostlene og truet dem til å stoppe spredningen av evangeliet Apostlenes gjerninger 4:18-20 sier, *"Så kalte de dem inn og bad dem at de aldeles ikke skulle tale eller lære i Jesus navn. Men Peter og Johannes svarte dem: 'Døm selv om det er rett i Guds øyne å lyde dere mere enn Gud; for vi kan ikke la være å tale om det som vi har sett og hørt.'"*

Ved kunnskap om at dette er Guds vilje, hvis apostlene hadde blitt redde for å preke om evangeliet bare på grunn av forfølgelse og lidelser, kristendommen ville ikke blitt spredd i det hele tatt.

På grunn av innsatsen til apostlene som elsket Gud lidenskapelig og ikke fryktet døden, kristendommen har idag blomstret og fått ny frukt.

Vi Kunne Ikke Nekte Hva Som Var Sett og Hørt.

De som hadde åpnet deres åndelige øyne, så Herren, profetene, og englene. De hørte til og med de åndelige stemmene. Da de ble fylt med Guds velsignelse ved å se det åndelige rike, pratet de også om det videre til andre. Men selv om de bare fortalte om hva de hadde sett, var det naturlig at det var noen ting tilføyet og utelatt når budskapet gikk fra person til person.

Å prate om det er OK, men når de tilføyde deres egne tanker til hva de hadde sett, og ikke kunne skille mellom hva de skulle fortelle og hva de ikke skulle fortelle, brakte dette problemer. Men jeg kunne ikke stoppe kirkemedlemmene på grunn av frykt for en slik bivirkning. Jeg måtte bare holde det ut for å kunne la dem ha mere håp om himmelen og rykke inn til et dypere nivå åndelig ved å ha det Nye Jerusalem som et endelig mål.

I juni 1998, fortalte jeg noen av kirkemedlemmene følgende: "På grunn av at kirkemedlemmene ser det åndelige rike, vil jeg bli dømt som en kjetter. Det vil bli en stor prøve. Men på grunn av at det er Guds vilje å se det åndelige rike, har jeg ikke noe annet valg enn å gå veien som vi går."

Jeg visste at det ville skape store problemer for oss på et visst tidspunkt, men jeg stoppet dem ikke fra å se det åndelige kongerike. Det var Gud som åpnet deres sjelelige øyne for å vise dem de åndelige tingene, så jeg torde ikke å spørre dem.

Jo mere vi vet om de åndelige rikene, jo mere vil vi lengte etter det himmelske kongerike og vi kan kaste bort mørket i verden. Vi kan ha større håp for det himmelske kongerike og vi kan vokse med å ha en spirituell tro, og se frem til det Nye Jerusalem.

Djevelen hadde alltid søkt etter Messias, til og med før Jesus var født. Så fort Jesus ble født, prøvde han å drepe Han gjennom Herod. Det var det samme under Hans offisielle prestetjeneste, og når tiden kom, egget djevelen opp de onde menneskene og korsfestet Ham.

Guds kongerike er fullført av den åndelige krig. Guds prester og kirkearbeidere må kjenne til det åndelige riket. Uten å vite om det, kan vi ikke anvende kontroll over fienden djevelen og Satan. Bare etter at vi godt kjenner til deres identitet, kan vi dømme over dem og åpenbare makten til Gud.

I Apostlenes gjerninger 16:16-18 kan vi se at i mange dager

var det en kvinnelig tjener som fulgte apostelen Paulus og gjorde det vanskelig for ham. Hun var besatt av djevelen og var en spåkone. Men Paulus drev ikke den onde ånden ut.

Han kunne bare ha sagt, "Uren djevel, gå ut i Jesus Kristus navn!" og så ville djevelen ha forlatt, så hvorfor lot han bare djevelen være der? Han ventet fordi han visste at han ikke skulle gjøre det.

Hvis han tok djevelen ut fra denne kvinnen, mennene som tjente penger gjennom hennes spåing ville ikke kunne tjene noen penger, og de ville forfølge ham. Men når han ikke lenger kunne klare det og drev ut djevelen, hva skjedde da? Han ble plasert foran publikum. Han ble strippet og slått helt til han blødde, og så ble han satt i fengsel.

Bibelen er en skrivelse om det åndelige riket. Fienden djevelen og Satan hater det når folk ser det åndelige riket. Det er fordi de vil preke om evangeliet, og Guds kongerike vil bli fullført intenst gjennom denne hendelsen. I 2. Kongebok 6:17 står det, *"Og Elisa bad og sa: Herre! Oplat hans øyne, så han kan se. Og Herren oplot guttens øyne, og han fikk se at fjellet var fullt av gloende hester og vogner rundt omkring Elisa."*

Elisa så de gloende hestene og vognene rundt hele fjellet med hans åndelige øyne. Selv etter at Steven preket om evangeliet, var han fylt med Ånden og sa, *"Nå ser jeg himlene åpne, og menneskesønnen stå ved Guds høyre hånd"* (Apostlenes gjerninger 7:56). Da gråt de onde menneskene ut med høy stemme, og holdt deres ører og sprang til ham med et eneste formål. De slo ham ihjel. I Apostlenes gjerninger 7. kapittel, når Steven preket om evangeliet og påpeket menneskenes synder, ble de onde menneskene sinte på ham (Apostlenes gjerninger 7:54).

Men hvis Steven ikke hadde sagt at porten til haven var åpen og at han kunne se Jesus, ville han ikke ha blitt slått ihjel. Fordi hans åndelige øyne var åpne og han pratet om det åndelige riket, hatet de det faktum at han så noe som de ikke kunne se.

De sier slike ting som, "Engler? Det er en illusjon! De tar feil. Alt er bare lureri!" De laget veldig mange falske uttalelser akkurat som denne.

Bilder Kom til Syne på Sanktuariumets Søyler

21. juni, 1998, etter kveldsgudstjenesten, kunne vi se bilder av menn på de fire søylene på hoved sanktuariumets alter. Jeg tror at Gud var tilfreds med at jeg gikk til et bedemøte på fjellet etter kveldsandakten. Han lot bildene bli innprentet på de fire søylene til sanktuariumet gjennom Hans engler. De klare bildene kunne også bli sett av det fysiske syn til mange av folkene.

Det var bilder av Jesus når Han ble stukket i siden på korset, og bilder av Paulus, Johannes, og Peter. Nyhetene spredde seg, og mer enn 7,000 mennesker besøkte vår kirke for å se de bildene i løpet av den uken.

På øyen Patmos, kan vi se en maling av Johannes. Hans panne er hoven fordi han slo hans hode på stenveggen så mye mens han ba. Bildet av Johannes som viste seg på søylene til sanktuariumet hadde også en hoven panne. Peter hadde et stort skjegg.

Da medlemmene så hvordan Jesus blødde fra tornene som stakk Hans hode og spydet som var stukket inn i Hans side, ble de fylt med sterke følelser. Disse bildene ble igjen i mange uker dag og natt. Det ble også tatt foto og video. En diakon som var en maler lagde en skisse av dem også.

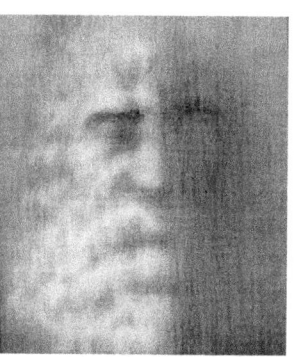

Apostelen Johannes

Apostelen Peter

Jesus på Korset
Utskåringene på søylen var tegnet på et papir av en
maler

Gud viste Lyset til den Åndelige Kroppen

Menn har kropp, men selve eksistensen er ånden. Når Gud, som er selve ånden, lagde mennesket, pustet Han liv inn i hans nesebor, og gjorde ham til en levende ånd (første Mosebok 2:17). Etter at vi ender vårt liv her og drar til himmelen, vil vi leve som åndelige kropper. I den grad at vi ligner Jesus hjerte og gjenvinner Guds speilbilde, hver og en av oss vil ha forskjellig klarhet på belysningen.

Når Moses kom ned fra Sinai fjellet med de Ti Bud fra Gud, skinte hans ansikt så lysende at folk var redde for å gå nærme ham. Moses selv var ikke klar over det, og bare senere når menneskene ble redde for han, dekket han ansiktet sitt med et slør (2. Mosebok 34: 29-33).

Den følgende begivenheten oppsto 25. juli, 1998, under det andre møte av fredagenes overnattingsgudstjeneste. Kjærlighetens Gud, som ville ha de troende til å ha mere håp for det himmelske kongerike, viste dem lyset til den åndelige kroppen. Ikke bare de som hadde deres åndelige øyne åpne, men alle kunne se det.

På et tidspunkt, kom lyset ut fra min åndelige kropp og spredde seg rundt. Den lovprisede lederen kunne ikke bli sett på grunn av slikt et skarpt lys. Det flettede båndet av blomster som den lovprisede lederen hadde på hode ble forandret til en krone. Da jeg kom til senteret av alteret, lignet klesplagget på en lang kappe, og jeg så mye høyere ut.

Denne scenen var vist på det store fremvisningsskjermen, og medlemmene som besøkte den gudstjenesten så det klart og tydelig. Dette lyset dekket alt omkringliggende, og de som satt foran erfarte utrolige ting, blant annet at deres trettet forsvant og til og med helbredelser.

En av dem var Kyeong-ok Kim. Hun var involvert i en trafikkulykke i oktober 1996. Hun ble diagnostisert med en veldig seriøs fem graders handikap på begge bena. Hun hadde store vanskeligheter med å gå, og til og med bruke krykker. Hun hadde begynt å komme til vår kirke et stykke tid før ulykken.

Når hun så dette lyset på fredagens nattgudstjeneste, trodde hun først at det var reflektering av noe lys. Men ettersom hun så på det mere forsiktig, forsvant de som gikk inn i lyset. Hun var øyevitne til at jeg så mye høyere ut i noe i likhet med hvitt laken.

Da kunne hun tro at det var hverken en tilfeldighet eller noen form for oppspinn, men arbeidet fra selve Gud. Lyset kom inn til hennes øyne. Hun kunne ikke stoppe å stønne med en følelse av at hun ville bli blind.

Men etter gudstjenesten, fant hun seg selv spasere fritt uten krykker. Det var meningen at hun skulle leve resten av livet med hennes handikap, men med Guds velsignelse var hun helbredet og ble fullstendig normal. Men på grunn av at dette er en åndelig erfaring som vitenskapen ikke kan forklare, et kringkastings firma sa at det hadde blitt oppfunnet og at fortellingen var oppdiktet på en eller annen måte.

Gud Beskyttet Kirke Medlemmene

Med Hans glødende øyne, kjærlighetens Gud beskyttet ikke bare medlemmene i hovedkirken i Seoul, men også medlemmene i de små kirkene rundt om i landet.

15. mars, 1998, mens medlemmer fra Daegu Manmin Kirken var på vei for å delta i årsdaggudstjenesten til Masan Manmin kirken, veltet deres varebil på Kuma motorveien.

Varebilen etter ulykken

De kjørte med en hastighet av 120 km i timen. Det høyre bakhjulet var punktert, og varebilen snurret seg rundt fullstendig og traff midtrabatten. Det var tolv voksne og fem barn i varebilen. Kjøretøyet var fullstendig ødelagt.

Det var en stor ulykke hvor alle i kjøretøyet burde ha vært døde. Men Gud beskyttet alle sytten medlemmene. En av dem var gravid, men hun var ikke skadet i det hele tatt. Hun sa at når hun ble kastet ut gjennom vinduet og falt på bakken, følte hun det som om det var en engel som dekket for hennes kropp.

På det tidspunktet, Sunhee Lee skadet hennes ryggrad og livmorhalsryggraden. 119 ambulansen kom og førstehjelperne

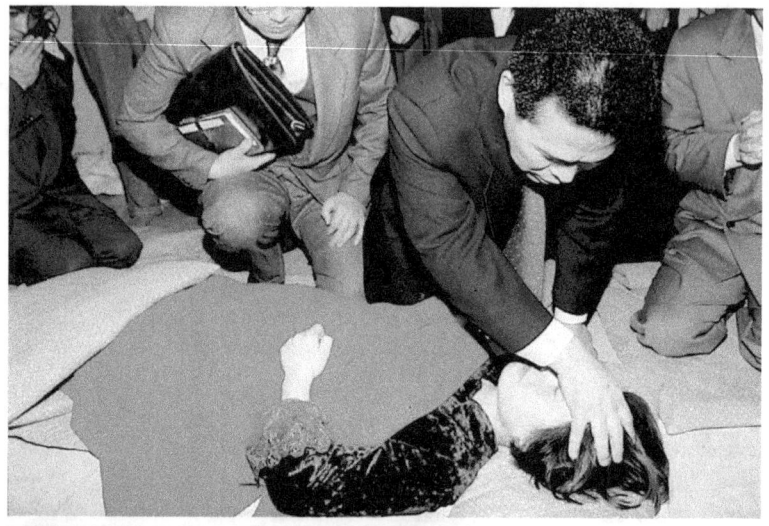

Sunhee Lee ble helbredet av
bønner etter ulykken

skulle ta henne til hospitalet. Men hun og hennes familie ville dra til Masan Manmin Kirken istedenfor sykehuset.

Etter at gudstjenesten var over, hørte jeg nyhetene. Når jeg dro til pleierommet, lå Sunhee Lee ned. Jeg ba for henne om nakken, skulderen, og ryggen.

Hun sa at når hun mottok bønnene, følte hun noe varmt akkurat som ilden og følte også ny styrke. Hun kunne spasere like etter hennes bønner. Hun sa at på det tidspunktet ble hun også helbredet av hennes som hun hadde hatt i to år.

En Utstrakt Hånd Under Et 15-meters Frittfall

23. desember, 1998, var diakon Joong-Ik Chun en Anti-Terrorist Gruppe Leder for en Spesiell Politi Styrke i Seoul. Det var en demonstrasjon med buddhist monker, med ulovlige okkupasjon av hovedkontoret til en buddhist filial, Cho Gye Jong. Hans team var sendt ut til stedet, Cho Gye Sa Tempelet.

Når de nådde toppen av taket til en 15-meters bygning på en truck med høy stige, brakk plutselig støtten, og trucken veltet. De fem politimenn i spesial styrken på stigen falt ned med en gang.

Dette var rapportert av alle de locale pressene med stor overskrift. Men da diakon Joong-Ik Chun falt, istedenfor å tenke at han vill nå bli seriøst skadet, hadde han tro på at Gud ville beskytte ham.

Hvis han hadde falt ned med bena først, ville hans ryggrad blitt knekket, og hele hans kropp ville ha brukket. Men han falt på siden av hans hjelm først. Han følte også at en stor hånd støttet hans kropp, og han følte det som om det var lag med

Bildet av fallet trykket på et avispapir (Joong-Ik Chun i rundingen)

bomull på bakken.

Han falt med et høyt bråk på asfalten. Først var han litt forvirret på grunn av sjokket, men når han så seg rundt, var Cho Gye Tempelet i flammer.

Joong-Ik Chun på politivakt

De andre fire medlemmene var seriøst skadet. Deres skader resulterte i uførheter, men diakon Joong-Ik Chun hadde ingen skader i det hele tatt.

Når han ble kjørt i ambulansen til hospitalet med de andre team medlemmene for diagnose, de ansvarlige doktorene spurte forundrende flere ganger om han var en av dem som hadde falt ned fra 5. etasjen!

Be gjennom Tårer for De som Sviktet og Forårsaket Skade

Selv når kirkearbeidere eller prester svindler eller ikke adlyder meg, har jeg aldri straffet noen. Jeg fortsetter bare hele tiden med å tilgi dem med håp om at de vil forandre seg.

I 1987, var det en prest som gjerne ville arbeide i vår kirke. Han sa at han skulle åpne en kirke i Daejeon, så jeg støttet ham økonomisk. På åpningsdagen dro noen kirkearbeidere til Daejeon. Men det fantes ingen kirke. Han hadde lyvet og dratt avgårde med pengene.

Etter mange år kom presten tilbake til meg, knelte foran meg og angret. Jeg tilga ham og spurte ikke noen om hans fortid. Jeg lot han bare arbeide i kirken. Han sa at han ville åpne en kirke i Daejeon igjen. Jeg støttet ham økonomisk. Han åpnet kirken, men kanskje på grunn av at han hadde økonomiske vanskeligheter, dro han bare avgårde uten å si noen ting.

Jesus Lærte Opp Judas Iskariot helt til Slutten

Judas Iskariot så tegnene og underene gjennom Jesus som bare kunne bli gjort gjennom Guds makt. Men fremdeles ville han ikke tro på Jesus.

Til og med etter at han så konkrete bevis, var hans hjerte fyllt med kjødelige ting. Så han kunne ikke forstå Guds vilje eller akseptere det. Men likevel var Judas Iskariot nødvendig å ha for Jesus plikter og arbeidet vedrørende frelse. Bibelen sa at han var den som ville svikte Jesus (Johannes evangeliet 6:71).

"'Men det er noen av dere som ikke tror'. For Jesus visste fra først av hvem det var som ikke trodde, og hvem det var som skulle forråde Ham" (Johannes evangeliet 6:64).

Jesus prøvde å tillate Judas å forstå og angre, men disiplene forsto ikke hva Jesus mente. Med kunnskapen om at Judas ville bedra Ham, omfavnet Jesus ham med kjærlighet helt til slutten. Han dømte ham ikke foran alle de andre disiplene. Han sviktet ham ikke.

Til og Med De somVille Svikte

Samme hva slags hjerte hver person har, jeg ville gjerne at alle skulle forandre seg til det gode i vårt hjerte. Jeg tenkte aldri at, "Jeg må være veldig forsiktig med ham på grunn av hans hjerte." Jeg tok aldri avstand fra noen. Jeg bare stolte på alle.

Jeg stolte bare på alle, selv om jeg kunne klart og tydelig se tankene som bedro. Jeg trodde bare på at de ville forandre seg i fremtiden og ikke forbli i deres nåværende situasjon. Det var deres måte å vokse opp på som prester og Guds tjenere.

Selv om jeg stolte på dem, angrep noen av dem meg senere og forlot kirken. Jeg sørget så mye på grunn av deres ondskap, og jeg gikk veldig ned i vekt og mistet mye energi.

I 1991, meldte en prest seg frivillig til å ta seg av 'Lys og Salt' Misjonen, som er en misjons gruppe som arbeider i distribusjons sektoren av forretningsvirksomheten. På den tiden fortalte Gud meg at han ville angripe kirken flere år senere. Jeg rådet hans kone om å be for ham slik at han ikke ville forandre hans tankegang.

På grunn av at jeg visste hvordan han ville forandre seg, tok jeg selv hånd om arbeiderne i Lys og Salt Misjonen. Endelig i 1997 dro han avgårde med rundt 30 medlemmer. Han sa at han ville hjelpe vår kirke utenfra, men han prøvde bare å bedra flere medlemmer og flytte dem til hans egen kirke. Han spredde mange falske rykter, fordømte meg for å være på avveier og villedet, og forstyrret kirkens prestetjeneste.

Begynnelsen av den Første Prøven

I juni 1998 sa Gud, *"Jeg vil dra ut ugresset fra din kirke. Men jeg vil la noe være igjen."* Jeg begynte å sørge. I juli kom prøven til kirken.

Kanskje mitt hjerte ikke er veldig sterkt, og jeg fortsatte med å tilgi folk selv om de tok mye feil. Selv om de gjorde noen utenkelige og onde arbeider, ba jeg bare for dem med tårer, og ville bare at de skulle angre og komme tilbake. Gud fortalte meg mange ganger å fjerne dem fra mitt hjerte.

"Fader, kan de ikke bli tilgitt? Hvordan kan de bli frelst? Vær så snill og tilgi dem!" I 1998 fastet jeg til Gud ved å be for dem med tårer i mange måneder. Svaret jeg fikk var *"hvis de virkelig grundig angrer, vil jeg tilgi dem."*

Etter at jeg hadde mottat det svaret, prøvde jeg å la dem forstå det og rådet dem, men de hørte ikke på meg. Kirkemedlemmene forsto ikke hvorfor jeg gråt så mye under prekenene.

Siden åpningen av kirken, holdt jeg prestekonferanser hvert år for åndelig utvikling av prestene. I juli 1998, måtte jeg ta en avgjørelse en uke før prestekonferansen.

Igjen fikk jeg et svar *"Min tjener, fordi du ikke kan gjøre det, vil jeg gjøre det. Du kan ikke røre ved dem med din personlighet, så Jeg vil gjøre det Selv."*

Jeg kunne ikke akseptere de menneskene som Gud ikke aksepterte. Fienden djevelen sprang mot dem som en brølende løve (Peters 1. brev 5:8). Jeg visste at Satan ville provosere onde mennesker og prøve å ødelegge meg, men jeg kunne bare overlate avgjørelsen til Gud, siden Han sa at Han ville ta hånd om det. Mange djevler gikk inn i en av dem. Jeg kunne se en annen person som var oppslukt av en stor slange.

Noen kirkemedlemmer så bilde av Lucifer, den onde åndens overhode, og sjefen av den himmelske hær, den Arkhangelsk Michael, slåss vilt for svikterne som var midt iblandt dem.

Det var på grunn av at jeg ikke lot dem komme inn i mitt hjerte, men holdt på dem slik at de kunne forandre seg og snu seg tilbake. Da kunne jeg høre Guds stemme. *"Min tjener. La dem gå. Så lenge du holder dem i ditt hjerte, må Arkhangelsk Michael hjelpe. Du må fjerne dem fra ditt hjerte slik at jeg kan arbeide."*

"Bli Ferdig Med Din Vilje."

Jeg kunne ikke hjelpe for det mere, så jeg stoppet å be for dem. Når jeg ga opp begynte prøven for fult. Det var mennesker som hadde begått så mange synder så Gud bestemte seg for å forlate dem. Alle disse menneskene kom i nøyaktig kontakt med hverandre.

"Etterat han hadde fått stykket, for Satan inn i ham. Jesus sier da til ham; 'Hva du gjør, gjør det snart'. Men ingne av dem som satt til bords, skjønte hva Han mente med det Han sa" (Johannes evangeliet 13:27-28).

I juli 1998, noen av de som ble enige om å svikte meg etter prestekonferansen, laget en plan En av prestene sa at hun ville be for mer enn en måned for å vise at hun angret, helt til Gud tilga henne.

Gud hadde gitt henne mange gaver fra den Hellige Ånd siden kirken åpnet i begynnelsen. Men jeg sjelden så henne be. I mange år hadde hun samlet opp mange ulydigheter mot Gud og hun kunne ikke mere tale med Gud. Hun viste heller ikke lenger noe arbeide fra den Hellige Ånd.

Gud hadde allerede tatt gavene fra henne. Siden det var lovprisede leder som vokste opp, følte hun at hennes posisjon var truet, og hennes misunnelse og sjalusi viste seg. Jeg rådet henne til å grundig angre til Gud. "Når du drar til fjellet for å be, må du angre grundig og rive ned alle de syndige veggene."

Men hun ga meg uventet svar til hva jeg sa. Hun sa, "Jeg har observert deg de siste 17 årene, og du har aldri brytet sannheten. Du lever ditt liv plettfritt, og Gud elsker deg forferdelig høyt."

Etter at hun sa dette dro hun allikevel ikke til fjellet for å be. Hun snudde seg rundt og ble plutselig en hovedperson i en forferdelig plan med forræderi. Siden hennes synder kom til syne i kirken, og hun ikke kunne gjemme dem lenger, møtte hun de som hadde tatt avskjed med kirken og forberedet planen.

Hun startet mange falske rykter og laget noen trykksaker. Hun ga dem ut til flere forskjellige kirkeorganisasjoner, pressen, og mange prester i forskjellige denominasjoner. Hun gjorde dem også tilgjengelige på Internettet. De la mange onde planer for å dømme meg som en kjetter, og snart økte antallet til hundrevis av poeng. De viste fabrikkerte dokumenter til kringkastingene som kringkastet mine prekener i et forsøk på å stoppe kringkstingene.

Hun hadde et ønske om å ødelegge meg. Hun ønsket selv å bli lederen i kirken og overta hele kirken selv. Hun åpnet en kirke i nærheten av min kirke og diktet opp og spredde mange rare historier.

Med hennes falske vitner laget hun noen brev og videokassetter og delte dem ut. Hennes plan var å forvirre våre kirkemedlemmer og la dem bytte over til hennes kirke. Jeg måtte fortelle kirkemedlemmene om dette faktum og klarlegge denne situasjonen.

Jeg følte at løgnen begynte å seire over sannheten.

Når Potiphars kone fristet Josef, nektet han fullstendig. I Første Mosebok 39:12 ser vi at *"Da grep hu fatt i hans kappe og sa: 'Ligg hos meg!' Men han lot sin kappe etter seg i hennes hånd, og flyktet ut av huset."*

Potiphars kone fortalte en løgn ved å si at Josef kom for å voldta henne, men når hun skrek lot han sin kappe bli igjen og sprang avgårde. Potiphar ble rasende når han hørte om det fra hans kone. Han spurte ikke om noe fra Josef. Han bare satte ham i fengselet hvor kongens fanger var fengslet. Hvis du bare dømmer etter en persons ord, vil du ganske sikkert dømme feil.

Josef var urettferdig anklaget og sent til fengsel. Men han tidde bare stille fordi hans sjefs familie ville blitt ødelagt hvis han hadde fortalt sannheten. I fengselet var Josef ikke flekket av de mange løgnaktige tingene som han så der.

Josef lærte ledelse, å lede Potiphars hushold. Etter at han var fengslet, lærte han om politikk. Selv om han var i fengsel, var Gud med han, og til slutt ble han Egypts statsminister. Det vil si at Gud godkjente hans troskyldighet.

Forsyn med å Ha Helbredende Vekkelser

I November 1998, begynte prøve nummer to. Det var både klint og hvete blandt prestene i kirken vår. Det var en bestemt familie som hadde mottat spesiell velsignelse ifra Gud.

I 1989, 3 av medlemmene i denne familien, blant annet prestens mor, var på dørterskelen til døden på grunn av gassforgiftning, men etter at de hadde mottat min bønn, var de fullstendig helbredet uten noen som helst ettervirkninger. De var en stor familie, og de fleste av deres familiemedlemmer erfarte helbredelse av uhelbredelige sykdommer gjennom min bønn.

De mottok så mye velsignelse og kjærlighet fra Gud, men ettersom de ble gjenkjent i kirken og de fikk en høyere stilling, ble de arrogante. Jeg ga han mange sjanser til å angre, men han snudde seg ikke tilbake, selv ikke mot slutten. Slik som det sluttet tok han ut sensitive documenter som ble holdt hemmelig internt innen kirken. Hans store synder ble avslørt.

Idet deres synder ble avslørt, forlot hans familie kirken. De åpnet også en kirke i nærheten av vår kirke. De spredde også falske rykter blant kirkemedlemmene og rådet dem til å gå til deres kirke.

Mens dette foregikk, var det andre hovedprester i kirken som også forlot kirken fordi de hadde egoistiske ønsker. De kom sammen for å spre falske rykter for å bedra kirkemedlemmer i et forsøk på å få dem til å bytte til deres kirker. Først kom de sammen for deres personlige fordel, men når de hadde forskjellige meninger, hadde de fiendskap komme mellom dem selv og kjempet mot hverandre.

Fordi Gud kjente til de onde planene til Satan, rørte Han ved mitt hjerte for å holde en helbredende oppvekkelse. Fra første uka i November, ble syke mennesker helbredet hver dag i 6 uker. Det var til og med de som hadde hatt barnelammelse som ble helbredet. Mange stod opp fra rullestoler for å spasere. Mange kreftsvulster forsvant. Mange mennesker erfarte Guds mirakler.

Akkurat som tegnene som er i Bibelen fant sted daglig, kunne jeg bare takke Gud. Den levende Gud hadde vist oss at Han elsket oss, og at Han var, er, og vil bli med oss. Det var Guds omtenksomhet å hjelpe våre kirkemedlemmer passere gjennom disse prøvene ved å se alle disse tegnene.

I november 1998, Boonneum Kim, en elder kvinne, kom og besøkte hennes sønn i Seoul. Hennes rygg var totalt krokete på grunn av mye arbeide i gårdsbruk. Hun hadde lidd i 10 år. Hun var sørgelig for at hun ikke engang kunne gi hennes barnebarn en ridetur på ryggen hennes.

Hun var med på dette helbredende vekkelsesmøte på grunn av ønske fra hennes sønn. Etter at hun hadde mottat bønn, den

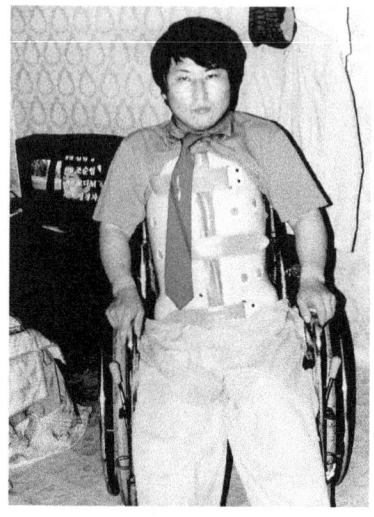 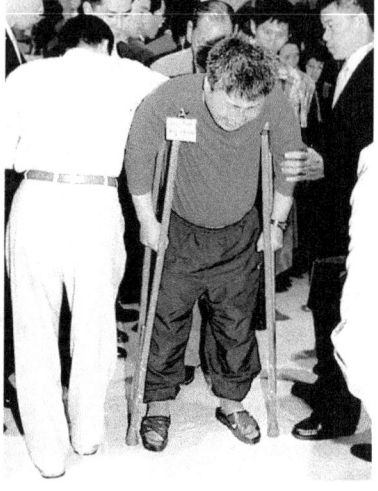

Yoonsup Kim før helbredelsen, med spenner for ryggraden og en rullestol

Motta bønner i oppvekkelses møtet i 1999

90 graders krokingen i hennes rygg ble totalt rettet opp og hun ga all æren til Gud.

Før det helbredende vekkelsesmøte i november 1998, Yoonsup Kim hadde en 1. graders handikap som gjorde ham totalt invalid. Han kunne ikke røre seg i det hele tatt uten rullestol. I mai 1990, mens han arbeidet med noe elektrisk arbeide i Daejeon, falt han fra 5. etasje i en bygning.

Han ble tatt til hospitalet hvor han var bevisstløs i omkring 6 måneder. Det var et brudd på hans 4. og 5. brystryggvirvel og den 11. og 12. lumbalvirvelen. Hans lever var også ødelagt. Han var i kritisk tilstand.

Etter at han gikk gjennom medisinsk behandling og terapi,

Helbredet fullstendig og har nå en lykkelig familie

mottok han til slutt en diagnose om en 1. graders handikap i 1993. Mens han tilbrakte dagene i smerter, forkynte hans naboer evangeliet til han og det ble også til at han ble med på dette helbredende vekkelsemøte.

Han kunne ikke engang gå på toalettet alene. Men etter at han hadde mottat bønner, stod han opp fra rullestolen! Snart trengte han ikke lenger korsettene og han kunne spasere med krykker. Han kunne også ligge ned flat. Det følgende året, i mai 1999, var han med på det Speielle 2-Uker lange Vekkelsesmøte, og 12. mai mottok han den sterke ilden fra den Hellige Ånd.

Før måtte han gå med krykker, og det var ikke lett. Men idet Ilden til den Hellige Ånden nådde hans ben, kunne han spasere alene. Det var et rørende syn når, for første gang på 9 år, siden ulykken, han kunne gå igjen. Senere ble han også gift, og nå har han til og med en nydelig datter.

Gud Trente Medlemmene til å Vaske deres Kapper

Gud ville at jeg og våre kirkemedlemmer skulle overvinne alt med godhet og kjærlighet. En av grunnene til at Gud tillot prøvene var for å gi meg makt til å utføre forsynet til verden misjonen, men det var også på grunn av at Gud ville at alle kirkemedlemmene skulle vaske sine egne kapper. Han ville nemlig at de skulle omskjære deres hjerter, kaste vekk all slags form for ondskap, og bli hellige.

Jeg advarte medlemmene om ikke å se, høre, eller snakke om alt som ikke var sant. Gud vil ha hellige lepper. Da vil det ikke bli noen dømming, fordømmelse, eller ærekrenkelse; mørke kan ikke komme og fienden djevelen kan ikke lage noe bråk.

Satan kan ikke beskylde de troende som lever i lyset på denne måten. Gjennom denne prøven i kirken, hadde medlemmene sjansen til å innse sannheten og finne seg selv. Men noen av dem møtte de som spredde mørkets ord, og de var bedratt og forlot kirken.

I desember 1998, ba Gud meg om å be slik at jeg kunne motta makt ifra Gud til å kunne motta den døde Lasarus akkurat som Jesus hadde gjort. Hvis jeg mottok makten til å kunne motta en død person gjennom bønn med Guds vilje, ville jeg kunne utføre verdens misjonen veldig hurtig.

Men Guds makt blir ikke gitt veldig lett. Vi må ha en tilsvarende måling av troen. For dette, må vi også gå gjennom voldsomme prøver for å oppnå kjærlighetens egenskaper og et veldig høyt nivå godhet.

Gud Mottok Gledelig Svorne Bønner

I 1998, mens jeg gikk gjennom disse sjokkerende tingende, kunne jeg ikke spise. Jeg ba også med veldig mye sorg. Jeg gikk ned i vekt veldig hurtig, og jeg mistet også min energi.

Hvordan kunne de som hadde sett og erfart så mange undere og mirakler fra Gud og lyttet på sannhetens ord bare plutselig forlate og bli forfølgere? Ved tanke på deres ondskap, kunne jeg bare sørge med medlidenhet for dem.

Spesielt siden jeg med all min energi ba for de syke menneskene i 6 uker, mistet jeg mye energi. Jeg gikk ned mer enn 10 kg i vekt. Jeg følte at jeg ville falle sammen bare ved å spasere. Hvis jeg hadde gått ned mere i vekt, ville jeg ikke ha kunnet preke i gudstjenestene. En dag mens jeg ba, ba Gud meg om å ofre svorne bønner.

"Gå til fjellsiden og ofre svorne bønner. Be for verden misjonen. Jeg tok ut den fysiske energien som du hadde, og jeg vil nå fylle deg med himmelsk energi. Nå kom tiden, så be om å

motta makten til å oppvekke de døde."

I januar 1999, begynte jeg med den første svorne bønnen for en måned. Gud rørte ved mitt hjerte for å be for verdens misjonen og Guds forsyn som vil bli utført på slutten. Gud fortalte meg om makten utenom det makt nivået som man trenger for å oppvekke de døde, og Han ba meg å be for 'Makt på Makt'.

Gud mottok gledelig denne 1. svorne bønnen og ga meg mange svar. En av det mest utrolige tingene er at min kroppsfasong forandret seg også og jeg fikk ny styrke. Jeg ble selv overrasket. Når jeg var yngre, ville jeg gjerne ha den "omvendte trekant" fasongen for min overkropp, og det ble til at jeg fikk det med en sterk bred brystkasse og vide skuldere.

Min mave gikk inn, og med en forholdsvis tynn midje, var jeg full av energi likesom jeg hadde vært i tyveårene. Gud forandret til og med min kroppsform, slik at jeg kunne gjøre mektigere arbeid uten å bli trett.

Fienden djevelen prøvde å ødelegge meg, Men Gud beskyttet meg. Han ga meg til og med på kort tid en sterk kropp. Diakonen som var min sjåfør var også veldig overrasket og han tok bilde av meg. De assisterende prestene var også veldig overrasket når de så min kropp.

Hva tenkte Jesus På når Han Klatret opp Golgotha med Korset?

Begynnelsen av den Tredje Prøven

Siden den 1. svorne bønnen var avsluttet, ofret jeg svorne bønner til Gud en gang i måneden helt til april. Mens jeg ba de fire gangrene, kunne jeg ikke kontrollere sorgen som kom over meg når jeg husket på de som forlot kirken og hadde angrepet min karakter og kirken. Jeg kunne ikke ordentlig be.

I april 1999, kom Guds ord til meg i min bønn. Han sa at Han ikke ville tilgi de onde menneskene, og fordi omfanget av mine bønner hadde allered blitt fullført, ville han vise at Hans arbeide oversteg tiden og stundenes begrensning. Selv før dette, var mange helbredet ved at de mottok bønner på Internettet i andre land. Gud fortalte meg at slikt arbeide ville finne sted i sin helhet.

Han sa til meg, *"Min tjener, ikke be mere for de som fordømte deg og forlot deg. Bli ikke lei deg samme hva slags situasjon de faller inn i. Jeg vil ikke tilgi dem mer. Jeg vil ikke tilgi noen person som forstyrrer denne kirken."*

Noen av prestene som forlot kirken forente seg med andre som også hadde forlatt kirken. Idet deres onde handlinger ble avslørt, fant de på onde planer. En av dem var en kvinnelig prest som hadde en usedvanlig overdreven sjalusi og som var kontrollert av Satan.

De som forlot kirken til fordel for seg selv, lagde onde planer om å ødelegge vår kirke. De kom sammen til fordel for seg selv, og hvis deres interesser var forskjellige, gikk de hver sin vei.

I april 1999, etter at jeg hadde gjort ferdig den fjerde svorne bønnen, fortalte Gud meg at det ville bli en tredje prøve. Det var Guds forsyn at hvis jeg klarte denne prøven, ville Gud gi meg ubegrenset makt hvor selv Satan ikke kunne protestere.

Gud fortalte meg at det årets vekkelsesmøte ville bli veldig omskrevet, og at vi ville bli kjent over hele verden gjennom dens kringkasting. Jeg fortalte kirkemedlemmene under gudstjenesten at det ville bli en prektig lyd gjennom kringkastingen. Men jeg hadde aldri trodd at kringkastings begivenheten ville skje.

Kringkasterne Måtte Ha et Objektivt Synspunkt

Vi hadde et 2-Ukers Spesielt Vekkelsesmøte i mai 1999. Når deres planer om å ødelegge meg ble mislykket, valgte de offentlig kringkasting som deres siste utvei.

De lagde planer om å ødelegge kirken gjennom deres kringkasting. De sendte falske dokumenter og falske vitner til det som er kjent som 'Produksjonsleders Notat' team for MBC (Munhwa Kringkasting Aksjeselskap).

15. april, 1999, 'Produksjonsleders Notat' team lagde et

program basert på deres informasjon og bestemte seg for å sende det 4. mai.

Det er tydelig at kringkastingen må holde et objektivt synspunkt, og de skulle ha sjekket deres informasjons gyldighet og pålitelighet. De ville kringkaste noe som var veldig forskjellig fra sannheten. Med tanke på dette spurte kirkemedlemmene dem om ikke å sende et slikt ensides program.

Vi fortalte dem at siden vi ganske snart skulle ha slik en stor begivenhet, det 'Spesielle Vekkelsesmøte', ville vi samarbeide med dem fullstendig etter at vekkelsesmøte var over.

Men 'Produksjonsledernes Notat' team kom til mitt hus 7. mai og spurte meg om et intervju. De spurte ikke om et møte på forhånd. De bare kom med kamera og spurte om et intervju, og jeg visste ikke engang at de kom til mitt hus siden ingen hadde fortalt meg om det.

Jeg reiste hjemmenifra til kirken som vanlig for fredagens overnattingsgudstjeneste. Vanligvis er jeg aldri forsinket til noen gudstjenester, og hvis jeg kom for sent bare med et minutt, fastet jeg for å vise at jeg angret.

Fordi kirkemedlemmene visste dette, forklarte de til kringkastingsfolkene at jeg ikke kunne gi et intervju den dagen. Men de sa senere at de ga kirken en sjanse til å snakke med dem i et intervju, men at jeg unngikk dem.

Det Overrasket Hele Verden

Og kirketjenerne søkte om midlertidig disposisjonsrett av utsendelsen. Fordi oppfordringen var akseptert, måtte kringastingen bli utsatt i en uke. 11. mai ga retten ordre om at noe av programmets innhold ikke måtte utsendes.

Etter at denne ordren ble gitt, møtte kirketjenerne produsentene og spurte dem om å sende programmet etter at vekkelsesmøte var over og bare etter at de hadde sjekket alle forholdene. Men de tok ikke hensyn til vårt ønske og sa at sendingen var allerede planlagt.

11. mai var den 7. dagen i vekkelsesmøte. Programmet skulle bli sendt klokken 23:00 den dagen. Som vanlig var vekkelsesmøte slutt rundt 22:20. Men noe uventet skjedde. Jeg dro tilbake til mitt hjem etter at vekkelsesmøte hadde sluttet, og neste dagen fikk jeg en sjokkerende rapport fra kirketjenerne.

Rundt 22:20 den kvelden, etter at vekkelsesmøte var over, dro noen av kirkemedlemmene til kringkastingen for å protestere. De visste at programmet ville bli redigert med så mye forvridning av sannheten, og det var derfor de dro for å protestere. De ankom stasjonen rundt 23:05.

Først ankom mellom tyve og tredve medlemmer til kringkastingen, og det var ingen vakt ved hoveddøren, så de gikk inn. De møtte noe av personalet i fjerde etasjen og spurte dem hvor kringkastingsrommet var. Noen av dem sa at det var 4. etasjen og andre sa 7. etasjen. Våre medlemmer spredde seg for å finne det.

Når noen av dem var på 2. etasjen, var en dør halvt åpen. Når de gikk inn, var det en vegg full av TV skjermer og de kunne se programmet om kirken vår.

Når de så slik ubegrunnet beskyldninger vedrørende kirken som ble kringkastet, ble de veldig sjokkerte. Det var en krangel mellom våre kirkemedlemmer og kringkastingsarbeiderne siden vi forlangte at de skulle stoppe sendelsen. En eller annen bare skrudde av knappen, og sendingen stoppet. Dette ble kjent over hele verden.

Legge Vekt på å Holde seg Innenfor Lovens Grenser

Jeg har lært folk å ikke bare holde ved Guds lov, men også alle loven i landet samme hvor små eller store de var. De fleste av våre medlemmer holder faktisk loven, tjente samfunnet og lever som verdens lys og salt.

Men noen av våre kirkemedlemmer den dagen klarte ikke å styre seg selv og brøt loven i det øyeblikket. Vår kirke måtte møte enorme skader. Selv om vi hadde rett, var det galt å bryte loven.

For å roe ned medlemmene som var kommet inn i styrerommets hovedrom gikk presten Hyeonkwon opp til et slags bord. "Dere må ikke skade noen og ikke ødelegg noe utstyr. Du må ikke røre ved dem. Venligst forlat stedet med en gang." Men denne scenen var angivelig i nyhetene som om presten Joo prøvde å kontrollere dem.

Kringkastingen dømte alle kirkemedlemmene som bråkmakere. De slettet all lyden og redigerte det med bare de bevegelsene som ble sett. Reportasjen oppsto nøyaktig i motsetning til den virkelige situasjonen. Vi kan se at det er mange ord som er fanget vekk bak TV skjermene i TV stasjonene.

På bordet i kontrollrommet var det et stort kamera hvor hoveddelen og linsen var atskilt. Det var sikkert under reparasjon. Men i nyhetssendingen, viste de de flokete ledningene og kameraet med hoveddelen og linsen atskilt, og fortalte at vi hadde ødelagt deres utstyr forferdelig.

TV-titterne som ikke riktig visste hva som foregikk, måtte tro på disse nyhetene.

På grunn av denne episoden, ble vi tvunget inn til å ha dette negative ryktet som indikerte at vi hadde pågripet en kringkastings stasjon og stoppet sendingen. De fleste av kirkemedlemmene som levde et godt liv mistet deres gode rykte på grunn av denne episoden.

Selvfølgelig var den ikke planlagt på forhånd. Det var et uforutsett tilfelle, men vi måtte be om unnskyldning foran folket. På grunn av at vi hadde skapt problemer, satte vi inn en unnskyldelses forklaring i the *Chosun Ilbo, Dong-A Ilbo, Hankyere Shinmun*, og andre store dagsaviser i Korea.

Men jeg tror kringkastingsstasjonens personale hadde forventet at kirkemedlemmmene skulle komme til stasjonen og protestere, siden de sendte en ensidig fordømmelse av en stor kirke helt ubegrunnet. Hvis kringkastingen bare hadde hatt vakter på deres porter, hadde ikke kirkemedlemmene kunnet ha gått inn så lett.

Pressen sa at kirken vår hadde gjordt dette med veldig detaljerte planer. Politiet innkalte mange av kirkemedlemmene som hadde vært på kringkastingssatsjonen og stilte dem spørsmål, og fant ut at det hadde bare vært en tilfeldighet.

De laget et program basert på falsk informasjon som var satt opp av de som prøvde å ødelegge vår kirke. Og på grunn av denne sendingen, var det ikke bare kirken men også kirkemedlemmene som måtte møte veldig seriøse skader. De ble sett på som mennesker fra en voldelig kirke. Mange yngre medlemmer ble behandlet som utstøtte personer i skolene. Flere av dem kunne ikke lenger komme til kirken.

En Ærlig Borger Mistet Hans Arbeide

På den tiden var diakon Ikseon Yu en av de øverste politimennene. Han hadde vært politi i 20 år. Han ble sett på som en trofast politimann, og han satte også et godt eksempel som en god kristen og presenterte evangeliet til mange. Men noen av de som forlot kirken prøvde å sette han i fengsel og ga litt gal informasjon til politiet og til kringkastingsstasjonene.

De hadde brakt beskyldninger mot ham om at han var den som hadde kontrollert denne episoden og han gikk inn til TV stasjonen med kirkemedlemmene. Pressen fant det veldig interessant at en aktiv politimann hadde ledet slik en episode.

Politimyndighetene tillkalte ham og etterforsket saken. Pressen og kringkastingen sa at det var akkurat som om den aktive politimannen grep inn i episoden med hensikt. 17. mai, klokken 9:00 ga MBC nyhetene ut den følgende rapporten:

"Politiet har satt i gang en etterforskelse med anklagelsene om at politibetjenten Yu i Yangcheon politistasjon tok en ledende rolle i beslagleggingen av MBC. Resultatet sa at politibetjent Yu var i kirken etter hans arbeide den dagen, og han visste at kirkemedlemmene var på vei til TV stasjonen, men han rapporterte det ikke til politiet..."

Men i virkeligheten fant politietterforskingen ut at han hadde vært i kirken når kirkemedlemmene gikk til TV stasjonen, og ringte til TV stasjonen mens medlemmene var på vei slik at de kunne være klare for dem.

For at sannheten skulle bli avslørt, søkte han om en tilbakekalling og rettelse av nyhetene til Presse Meglings Komitéen, og han måtte stoppe det på grunn av noen andre. Politiet etterforsket han i en og en halv måned uten å finne noen som helst skyld. De bare sluttet etterforkingen med at han ikke var skyldig.

Etter det arbeidet han fremdeles som en politibetjent i et og et halvt år, men han var alltid under oppsyn. Mennesker også så på han med mistenksomhet. Han bestemte seg til slutt for å slutte. En ærlig og trofast statsborger og politibetjent var nesten satt ut for å være en forbryter på grunn av falske beskyldninger. Han måtte til slutt si opp sitt arbeide.

Guds Arbeide Fant Sted uten noen som helst Forandring

3.mai, 1999, begynte den Spesielle 2-Ukers Vekkelsesmøte med tittelen "Gud er Kjærligheten" (1. Johannes 4:16). Gud viste mange tegn og undere og utrolige arbeid gjennom hele vekkelsesmøte.

Napshim Park var 85 år gammel. Hun kom til kirken i Goesan, lansdelen Choongbook. Hun ble rørt av prekenene som hennes sønn sendte henne fra vår kirke. Fra dagen etter at hun var født, hadde hun ikke kunnet se med hennes venstre øye, og hennes øyebryn falt ned.

Når hun var 30 år gammel, en onkel på hennes manns side av familien slo henne på grunn av at hun trodde på Jesus. På grunn av dette sprakk hennes trommehinne. Fra da av kunne hun ikke høre med hennes høyre øre. Men 3. mai, 1999, den første dagen av vekkelsen, kunne hun igjen se med hennes venstre øye, og hun kunne høre med hennes høyre øre.

Hun kunne se ting klart med hennes venstre øye for første gang på 85 år, og hennes høyre øre, som hun ikke hadde kunnet høre med i det hele tatt på 55 år, var helbredet.

Det var også Heekyeong Song som hadde blitt helbredet to år tidligere. Hun var født for tidlig etter bare syv måneders graviditet. Hun hadde medfødt lammelse og hun hadde ikke kunnet bruke hennes venstre arm og ben siden fødselen.

Hun hadde fått tilbake delvis bruk av benet gjennom stadig behandling, men hennes ben var 4 cm kortere enn det høyre. Hennes ryggrad var bøyd, og hennes bekken var også forvridd. Hun hadde mye smerter. Hun haltet, og andre barn gjorde narr av henne.

Hun begynte på universitet i 1997, og var med på den 5. Spesielle 2-Uker lange Vekkelsesmøte for første gang. 6. mai, 1997, mottok hun mine bønner i det første møte for de syke. Hun fikk styrke i hennes ben og begynte å hoppe.

På det tidspunktet hadde det skjedd et mirakel. Hennes venstre ben kunne røre ved bakken. Etter diagnosen, fant hun ut at benet som hadde vært 4 cm kortere, hadde blitt lenger. Hennes bøyde rygg og den forvridde bekkenen hadde også blitt rettet ut. Siden det har hun blitt gift og har en lykkelig familie med to barn.

Siden 'Produsentenes Notat' sendte et program vedrørende vår kirke, kom mange journalister fra CNN, ABC, BBC, NHK til vår kirke. De spilte inn på video og tok bilder mens de så på alle miraklene som skjedde i vekkelsen.

Noen av dem sendte deres rapport til hovedkontorene angående de blinde som fikk se, om mennesker som kastet vekk sine krykker, og andre som stod opp fra deres rullestoler. De rapporterte hva som egentlig skjedde.

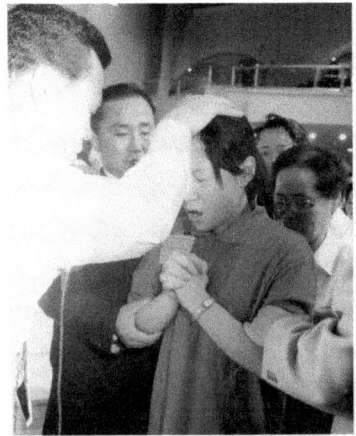
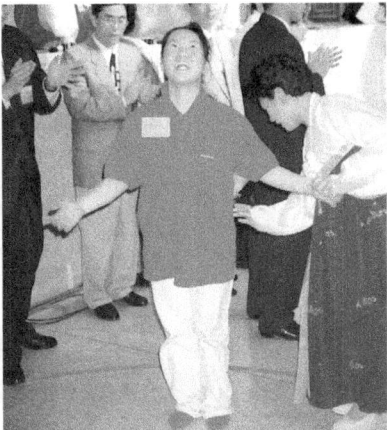

Ovenfor: Motta bønner i oppvekkelsesmøte (1997)
Nedenfor: Heekyeong Songs familie

Siden kringkastings episoden, gikk jeg ikke hjem på flere måneder, men var igjen i kirken og bare ba. Med så mye sorg og sjokk, gikk jeg langt ned i vekt, og mine ben var skjelvende.

Helt til da hadde vår kirke gjort godt arbeide. Vi holdt mange slags gudstjenester for utviklingen av de kristne kirkene og også sosialt arbeide. Vi skapte aldri problemer for omverdenen.

Det var mange familier som var like før de skilte seg, men som ble forandret til lykkelige familier. Så mange mennesker ble helbredet og levde nå sunt. Det var de som hadde kommet til kirken for første gangen som fattige, men ettersom de levde i Guds ord; mottok de økonomiske velsignelser og levde i all rikdom.

En offentlig kringkastingsstasjon hadde ingen hensikt i å la folk vite om de gode arbeidene som vår kirke gjorde. De bare tenkte at alle store kirker har problemer, og hva som skjedde var sikkert noe i likhet med heksejakt.

Hvis de bare hører fra noen som gir dem falsk informasjon, skriver ned utfallet, og rapporterer det uten å rapportere sannheten, er det en stor forvrengelse. En kringkastingsstasjon som vil holde slik et ensides program er bare helt utrolig. Men de umodne handlingene til noen av kirkemedlemmene forårsaket flere vanskeligheter for meg.

Den eneste tingen jeg kunne gjøre var å gjøre som Jesus som stille tok korset. Jeg kunne bare faste og be med sorg foran Gud som kjenner til alt.

I min preken, nevnte jeg aldri navnene til de som kom opp med så mange falske rykter og ga falske vitner.

Jeg ble forferdelig ærekrenket, men hvis jeg røpet deres feil, ville det bli veldig vanskelig for dem å komme tilbake. Så jeg ville selv ta skylden. Men kirketjenerne følte at det vill bli alt for mange vanskeligheter med å få istand misjonærarbeide hvis ikke sannheten ble gjort kjent. De saksøkte denne kringkastingen.

I mai 1999, etter at 'Produsentenes Notat' program hadde blitt sendt, Pastor Jongman Lee, presidenten og representanten til Verdens Kristelige Misjons Forbund, var så overrasket at han kom til vår kirke. Han er en av de ledende prestene i Korea og en godt kjent vekkelsespredikant, men han hadde vanligvis ikke mye samspill med vår kirke.

Han kom bare på grunn av at han visste at jeg var urettferdig anklaget når han så TV programmet. Han sendte ut en kunngjøring med tittelen, "Vi Forlanger Rettferdig Kringkasting." Det følgende er tatt fra kunngjøringen.

> **"...når vi prater om religion, må vi være forsiktige med ikke å gjøre inngrep i den unike karakter og formålet til den religionen. Kringkastingsfolket må spesielt erkjenne det fakta at de ikke har mulighet til å avgjøre religiøse ting, spesielt angående diskusjoner om kjetterier. Alt hva kringkasterfolket kan gjøre er bare å rapportere diskusjonene på begge sider på en rettferdig måte..."**

Men den nylige sendingen av MBC overskred denne grensen. Religiøse saker må bli behandlet ved å bruke riktige og akseptable metoder med undersøkelser og vitenskap.

Men programmet til MBC brydde seg ikke om slik en angrepsmåte. De stolte bare på visse folks meninger som om de var meningene til de fleste menneskene.

Pressen overtreder religionen og hindrer den i å fullføre dens egen misjon og gjerninger ved å dømme en religion med ikke religiøse kvaliteter.

Senere, Pastor Jongman Lee sa i et intervju med pressen:

> "Jeg tror denne episoden skjedde på grunn av de som ikke kjente til det åndelige rike misforsto den Sentrale Manmin Kirken.
>
> Vi trenger idag desperate under fra den Hellige Ånd og erfarenhet med Guds forsyn. Men hvis vi prater om erfarenheter, tenker mange mennesker at det er rart. Vi må helbrede denne sykdommen i de koreanske kirkene at de dømmer andre med deres egen arroganse og deres egne standarder.
>
> Grunnen til at jeg elsker den Sentrale Manmin Kirken er fordi de har hatt mange under fra den Hellige Ånd. Jeg synes at den Sentrale Manmin Kirken er en ledende kirke som viser de beste eksemplene på erfarenheten med den Hellige Ånd."

Jeg så aldri på programmet, så jeg kjenner ikke helt til detaljene av inneholdet. Men når jeg hører på våre arbeidere om hva som var sendt, er det bare en forvridning, og det får meg til å sørge.

Akkurat som jeg gjorde den gangen, og fremdeles nå, har jeg ingen hensikt i å gi noen som helt unnskyldning eller å prøve å avsløre hvem som har rett og hvem som er gale. Men når jeg prater om sannheten, de troende som har sikre tanker vil komme til en dom som er riktig.

Mennesker stoler stort sett på offentlige kringkastere. Kringkasting er slik en innflytelsesrik ting. Hvis produsenten tar ut begynnelsen og slutten og redigerer programmet slik som han vil det skal være, vil det være veldig forskjell fra sannheten og det originale innholdet. La meg bare forklare noen saker som ble vist på 'Produsentenes Notat' program.

Fortellingen om Las Vegas

Når vi avslutter en kampanje eller vekkelse i andre land, gir jeg litt fritid til de menneskene som gjorde istand til aktivitetene. Etter at vi hadde gjort ferdig vår vekkelse i LA, spurte jeg dem om hva de ville gjøre. De fleste av dem ville se Grand Canyon fordi det var et mektig arbeide av Gud Skaperen. For å gå dit måtte vi passere gjennom Las Vegas.

Det er mange hotel der og i hotellene er det kasinoer. Det er vanlig for familier eller eldre par å nyte de enarmet bandittene som bruker mynter.

Regjeringen godkjente gambling og Las Vegas ble en by med mye turisme. De fleste turister nøt naturligvis disse spillene.

Selvfølgelig vil noen legge ned mye penger, men det er nå en del av kulturen og lett underholdning å spille i kasinoene.

Når jeg drar på en misjonsreise, spiller vi inn hele reisen på video og lager en rapport om den til hele forsamlingen. Det er for å gi ære til Gud. Etter at jeg hadde avsluttet vekkelsen i Amerika, forklarte jeg til kirkemedlemmene hvordan vi besøkte et kasino i Las Vegas, og alle i kirken visste om det.

Det skjedde mens jeg var i Las Vegas. En av team medlemmene foreslo at vi skulle spille litt i kasinoen. Jeg kjente ikke noe til kasinoer. Men når jeg valgte en maskin med den Hellige Ånds inpirasjon og la inn mynter, kom mange mynter tilbake ut. Ettersom jeg hadde troen på at jeg kunne slå maskinene med troen, fortsatte det med å skje.

Hvert medlem i vårt team spilte, men de fleste av dem tapte. De syntes ikke at det var mye gøy etter at de hadde tapt et par ganger, og de så heller på at jeg spilte.

Samme hvor jeg satt kom myntene ut for mere enn 10 sammenhengende ganger. De var veldig overrasket. Det var til og med en scene hvor de forsto at troen kunne til og med kontrollere maskinene.

Etter at jeg kom tilbake til kirken, forklarte jeg dette til kirkemedlemmene for å så troen i dem. Selvfølgelig må slik en ting bli spilt med glede og må også kunne bli avsluttet. Vi skulle aldri spille dem for å få en arbeidsfri inntekt.

Det var en person som forlot kirken og tok en ledende rolle i hele kringkastings episoden. Den personen avlagte et falskt vitnemål om at jeg hadde tapt over hundretusen kroner i kasinoet. 'Produsentens Notat' program viste et memo-dokument hvor det angivelig sto 'Spille Utgifter'. De lot det se ut som om det hadde blitt skrevet av vår kirke. Vår kirke hadde aldri laget det; det var en fullstendig oppdikting.

For å baktale meg, kringkastet de papiret som om det skulle ha vært et virkelig dokument. De redigerte hele programmet med den hensikt om å la det se ut som om jeg hadde mistet store beløp av kirkekapitalen til spilling. Hvis noen hadde sløst bort penger på spilling, hvorfor ville de dokumentere det og hvem ville også skrive det ned som 'Spille Utgifter'?

'Hyrde' Er et Bibelsk Uttrykk

Bibelen forteller oss at Jesus er den gode hyrde (Hebreerne 13:20), og hoved hyrden (1. Peter 5:4). Så hva er så en hyrde? Jeremia 3:15 sier, *"Og jeg vil gi dere hyrder etter Mitt hjerte, og de skal røkte dere med forstand og visdom."* Hyrdene vil mate Guds folk med kunnskap og forståelse.

Her refererer hyrder til de som kan lett lære Guds folk.

Jeremias 23:2-4 sier, *"Derfor sier Herren, Israels Gud, så om de hyrder som røkter mitt folk: I har adspredt mine får og jaget dem bort og ikke sett efter dem; se, jeg hjemsøker eder for eders onde gjerninger, sier Herren. Og jeg vil selv samle resten av mine får fra alle de land jeg har drevet dem bort til, og jeg vil føre dem tilbake til deres egne beitemarker, og de skal være fruktbare og bli mange. Og jeg vil sette hyrder over dem, og de skal røkte dem; og de skal ikke frykte mere og ikke forferdes, og ingen av dem skal savnes, sier Herren."*

Det forteller også at de som kan passe på Guds folk er hyrder. Hyrder er de som en kan stole på med Herrens flokk, hyrdenes overhode, og lære dem og passe på dem. Selv idag når en sier at en prest er en hyrde, er det veldig passende og riktig ifølge Bibelen.

Mange misjons organisasjoner eller universitetets misjons organisasjoner bruker betegnelsen 'hyrde' for de som lærer studentene, selv om de ikke er presteviete prester. Bare på grunn av at noen mennesker kaller en prest 'hyrde', kan vi ikke dømme dem og si at de trasser presten.

Misforståelser Vedrørende Meningheten som er ensidig med den Hellige Ånd

De som forlot kirken og forårsaket prøvene og forsøkene, lagde meningsløse dokumenter som sa at jeg hadde sagt at jeg var Gud og at jeg forkynnet om Gud som den fjerde personen.

Jeg kunne ikke la være å bli forbløffet siden jeg bare forkynte om Gud trefoldigheten og det faktum at alle arbeidene i Bibelen var sanne.

På grunn av at vår kirke har vist sterke arbeid fra den Hellige Ånd, fienden djevelen og Satan hater oss og prøver å ødelegge oss. Til og med idag er det folk som sprer onde rykter om at jeg har sagt at jeg er Gud eller at jeg var den Hellige Ånd.

Jeg har undervist om dette at hvis vi kaster bort all form for ondskap med iherdige bønner og hvis vi kommer til å ligne det uskyldige og flekkefrie hjertet til Gud og Herren, da kan vi motta Guds makt; vi kan også bli forente med den Hellige Ånd og vise den Hellige Ånds sterke arbeide.

Jesus pratet også om å være et med Gud.

I Johannes kapittel 17 versene 21 og 22 er det skrevet at Jesus sa, *"At de alle må være et, likesom Du, Fader, i meg, og jeg i Deg, at også de må være et i oss, for at verden skal tro at Du har utsendt Meg. Og den herlighet som Du har gitt meg, den har jeg gitt dem, for at de skal være ett, likesom vi er ett."*

Hva hvis en firmas administrerende direktør forteller alle de ansatte at de skal komme sammen og bli ett med ham. Dette menes at de skulle ha en vilje og et sinn sammen med ham. Det menes ikke at de ansatte vil bli administrerende direktører.

Hvordan kunne jeg noensinne innbille meg selv og si at jeg var Gud eller den Hellige Ånd. Vi kan også se mitt sanne hjerte komme frem i mine tidligere prekener.

"Jeg hører så mange ting. Siden det er så mange tegn og undere og utrolige arbeid, hører jeg at noen mennesker er urolige for at jeg skal kalle megselv Gud. Brødre og søstre, har dere også slike tanker?
Da jeg hadde vært syk i 7 lange år, var jeg sviktet av min familie og mine foreldre. Jeg ble helbredet med det samme av Gud. Jeg bare ba og arbeidet trofast for Gud. Min familie lever også et liv i hengivenhet for kongerike og Guds rettferdighet.

Du vet ganske godt at Gud den allmektige har vært med meg for å vise oss så mange tegn og undere og utrolige arbeid. Hvor mange av dere har ikke erfart de allmektige hendene til Gud gjennom meg her?

Noen av dere mottok dødsdom fra sykehusene. Noen av dere var lamme, noen av dere hadde cerebral parese, og så mange sykdommer, men dere var helbredet gjennom bønner og ble friske. Deres familier var forkynnet.

Dere sviktet også verdenen, kaset bort syndene og mørket; du faster og ber hele natten for å leve etter Guds ord. Du jager et kappløp med troen, med håp om det himmelske kongerike.

Så hvorfor skulle jeg bli en selvutnevnt Gud? Det er helt utenkelig. Jeg preker om så mange budskap som for eksempel 'Korsets Budskap', med vitne til at jeg bare lever for Guds ære.

Jeg har bare gitt all æren til Gud. Kunne jeg bare ha forandret meg plutselig og blitt akkurat som Gud, som vår Herre? Kan jeg nekte Bibelen?

Det er mennesker som virkelig mener disse utenkelige ordene. Hvis de virkelig bekymrer seg for meg på denne måten, vet de virkelig hvor seriøst de fornærmer meg? Hvordan kan en slik ting virkelig skje? Kjære brødre og søstre av Kristus, du skulle aldri i noe tilfelle si eller tenke slike ting.

Du må ikke engang inbille deg noe slikt. Hvis jeg virkelig kaller meg selv Gud, må dere alle venligst fordømme meg og forlate denne kirken. Det er bare en Gud.

Bare Jesus Kristus ene og alene er vår Frelser. Gud er Faderen, Sønnen og den Hellige Ånd, Gud Treenigheten. Vi tror på Bibelens 66 bøker. Selvfølgelig er det ikke på grunn av at dere medlemmer sier slike ting. Jeg sier dette på grunn av at jeg har også hørt disse nyhetene."

(Tatt fra preken 31. juli, 1998, fra foredraget om Salomons ordspråk.)

Jeg hørte at i 'Produsentenes Notat' program, hadde de sagt at jeg trosset megselv. Beviset de hadde, viste en scene hvor noen kirkemedlemmer bøyde seg foran meg. Det er en fortelling angående dette.

I 1998 åpnet Gud de åndelige øynene til mange kirkemedlemmer og tillot dem mange åndelige erfaringer. Fredag 15. mai var min bursdag. Vi hadde en takkegudstjeneste som ble holdt av kirkens Kvinne Misjon.

Vi hadde gudstjenesten på morgenen, og jeg hørte at det var en veldig klar dobbel sirkelformet regnbue i luften. Jeg gikk ut etter at gudstjenesten var over, og jeg kunne se en stor sirkelformet regnbue.

Det var fra denne dagen at Gud ofte viste oss en sirkelformet regnbue når vi holder kirkebegivenheter. Det er et tegn på Guds kjærlighet som forteller oss at Han er med oss.

Regnbuen var ikke den eneste tingen. Mange kirekmedlemmer så lyset til det spirituelle rike og gullaktige og sølvaktige dryss i luften som englene strødde. Noen av dem så englene. De var opptatte med å se opp og inn i luften på kirkegården.

Det er en stor forskjell mellom å kunne se det åndelige rike og å ikke kunne se det. Kirkemedlemmene delte med hverandre hva de så. Det var Fredag, og klokken 23:00 begynte fredagens gudstjeneste som varte hele natten. Vi har en gudstjeneste i løpet av den første delen, og i den andre delen har vi lovprisning-og-andakt og bedetid.

Personen som ledet lovprisningen i den andre delen bøyde seg plutselig ned foran meg. For de som ikke kjenner til koreansk tradisjon skal vite at i Korea er det vanlig å gi takk eller respekt med hva man kaller et "stort bukk". Det er spesielt brukt tradisjonelt ved å bukke til foreldre eller formelt til en leder. Det skjedde bare plutselig.

Lovprisningslederen sa den dagen at han bukket for meg på min bursdag med takknemlighet for at jeg hadde oppbrakt henne i livets ord helt til den dagen. Da lovprisnings lederen bukket, begynte også de eldre i kirken å bukke seg til meg. Selvfølgelig forsto jeg deres hjerter; det var i deres takknemlighet og respekt for deres hyrde som hadde lært dem om Guds nåde.

Jeg var så brydd for dette og prøvde å stoppe dem. Det var første gangen i kirkens historie at det hadde skjedd. Personen som lokket de andre til å gjøre dette senere forlot kirken. Det var hun som var årsaken til alle prøvene.

De bøyde seg ikke ned for meg på grunn av at de så meg som en Gud, men som et uttrykk av deres takknemlighet til meg som en hyrde for at jeg hadde løftet dem opp med Guds ord.

Men utsendingen hverken avslørte eller forklarte noen av de ekte godhetene som var funnet i dette. De redigerte hva som ble vist på en slik måte at det virket som om jeg likte å bli forgudet, og lot meg se ut som en sektleder.

Bibelen er full av Vidunderlige Mysteriske Ting

'Produsentenes Notat' sammarbeidet med Koreas Kristne Konsil, og kringkastet at vår kirke er en kjettersk sekt som har falt inn i mystikk. Den Kjetterske og Kult Motforanstaltnings Komitéen til det Koreanske Kristne Konsil fordømte hurtig vår kirke som kjettersk basert på materiale som ble gitt av de som forlot kirken.

Komitéen nevnte om episoden med Jesus Hellighets Denominasjon som foregikk i 1990. Jeg hadde allerede forklart nøyaktig hva som hadde skjedd i det 1. bindet av 'Mitt Liv Min Tro'. Men Jesus Hellighets Denominasjon på den tiden misbrukte i virkeligheten deres autoritet til å fordømme meg og bannlyse meg.

Jeg vil ikke bruke tiden her på å klargjøre falskheten med intervjuene og om hvem som hadde rett og hvem som var galt. Men jeg vil gjerne klargjøre hva mystikk menes.

Hvis vi begynner med den første Mosebok og gjennom boken

av Johannes' åpenbaring, er Bibelen full av mystisk innehold. Gud er ånden, og Han eksisterer i den fjerde dimensjon, som er det åndelige rike. Han skrev Bibelen gjennom Hans valgte, profetene og apostlene, som var sanne i Hans øyne.

Profetene og apostlene skrev den etter at de hadde mottat Guds hjerte ved inspirasjon av den Hellige Ånd. De er akkurat som taleskribenter, men er ikke akkurat Bibelens forfattere.

Tenk deg at en mor som bor på landet er analfabet, og hun spør en av naboene om å skrive det hun vi si til hennes sønn. Hennes nabo er bare en taleskribent og den offisielle forfatteren til brevet er moren.

Bibelen lærer oss om Gud, som er ånden. Den lærer oss om det åndelige rike og skapelsen av Gud som Han skapte ut av ingenting. Bibelen er full av ting som ikke kan bli forstått med menns logikk.

Gud kom ned til Sinai Fjellet og pratet til Moses; Kråker brakte brød og kjøtt til Elijah; Peter rømte fra fengselet ført av en engel; og Jesus vil komme tilbake ved lyden av trompeter. Hvordan kan vi tro på alle disse tingene med menneskenes forstand og logikk?

I 2. Mosebok 19:18-19 står det, *"Og hele Sinai berg sto i røk, fordi Herren var steget ned på det i ild, og røken av det steg opp som røken av en ovn, og hele fjellet skalv. Og basunens lyd tok til og ble sterkere og sterkere; Moses talte, og Gud svarte ham med lydig røst."*

"Så la han seg ned og sov under en gyvelbusk; da rørte en engel ved ham og sa til ham: Stå opp og spis! Og da han så til, fikk han se at det ved hans hodegjerde

lå en kake, stekt på hete stener, og at det sto en krukke
med vann; og han åt og drakk og la seg ned igjen. Men
Herrens engel kom igjen annen gang og rørte ved ham
og sa: Stå opp og spis! Ellers blir veien deg for lang'.
Da sto han opp og åt og drakk; og styrket ved denne mat
gikk han førti dager og førti netter, til han kom til Guds
berg, Horeb" (1. Kongebok 19:5-8).

"Og se, en Herrens engel sto der, og et lys skinte i
fangerommet, og han støtte Peter i siden og vekket ham
opp og sa: 'Skynd deg og stå opp!' Og lenkene falt av
hans hender. Og engelen sa til ham: 'Bind opp om deg
og knyt dine sko på deg'. Han gjorde så. og han sier til
ham: 'Kast din kappe om deg, og følg meg'" (Apostlenes
gjerninger 12:7-8).

"For Herren selv skal komme ned fra himmelen med et
bydende rop, med overengels røst og med Guds basun,
og de døde i Kristus skal først oppstå" (Det første
Tessalonikerbrev 4:16).

Hvis vi prater om dette åndelige rike idag, vil mange
mennesker fordømme oss og si at vi har falt inn i mystikk. Det er
få lærere som virkelig lærer oss om det åndelige rike, og derfor har
mange ikke sann tro.

Selv om mennesker kommer i kirken, har mange av dem
ikke erfart noe arbeide fra den Hellige Ånd. De har derfor ikke
forsikringen om frelse. Mange av dem tror ikke på himmelen og
helvete og de begår syndene på samme måte som de ikke troende.

Med Hensyn Til Intervjuet Angående de Tvungene Offrene

Det var et intervju med en person som forlot kirken vår. Hun sa at hun ga alt for mye i offer. Hun sa at hennes firma gikk konkurs og hennes familie var ute av seg.

Hun sa at når hun tjente mye, var hennes inntekt så mye som $6,000 (omkring 36,000 NOK), og hun hadde gitt mesteparten av det til kirken som offer. Men da vi undersøkte ofrings journalen, var det en fullstendig løgn.

Ifølge hennes barn og ansatte i hennnes firma, hadde hun mye gjeld. Det var ikke på grunn av ofringen, men på grunn av hennes personlige forhold. Mer enn halvparten av hennes fortjeneste gikk til betaling av renter på hennes gjeld. Siden det hadde samlet seg opp i lang tid, måtte hun til slutt gå konkurs.

Hennes sønn visste at hans mor hadde gal forklaring i intervjuet ifølge planen som var laget av de som lagde problemer for kirken. Han kunne simpelthen ikke samarbeide ulovlig med hans mor.

Før dette skjedde hadde jeg hørt at denne familien hadde økonomiske problemer, og jeg hjalp dem personlig med et stort beløp. Men fremdeles forlot hun kirken med de som brakte prøvene og rettssakene og ga falske vitner. Jeg kunne bare sørge for henne med medlidenhet på grunn av det.

Jeg hjalp de som hadde økonomiske vanskeligheter ved å spare på mitt eget forbruk. Når disse menneskene bedro meg og tilbakebetalte nåde med ondskap, hadde jeg mye smerter i hjertet.

Ulovlig Video med Gjemte Kameraer

I mai 1999, diakonesse Hyeonju Kim, en av våre kirkemedlemmer, var sjokkert mens hun så seg selv i et intervju i programmet "Produsentenes Notat." Hun var gravid i femte måned på den tiden, og hun var så sjokkert.

I slutten av april 1999, fikk diakonesse Kim en telefonoppringing fra en kvinne som hun aldri hadde møtt. Kvinnen sa at hun trang hjelp fra diakonesse Kim. På grunn av medlidenhet for denne damen, møtte diakonesse Kim henne. Hun hadde aldri i livet trodd at denne kvinnen filmet henne med et hemmelig kamera.

De hadde tildekket deres identitet, spurte noen viktige spørsmål, og så redigerte filmingen for å kringkaste noe helt annet enn sannheten i dette programmet.

Diakonesse Hyeonju Kim kom til vår kirke hele veien fra Farnkrike i april 1998. Det var for å helbrede hennes sønn, Joonsu, med troen. Hennes sønn gråt alltid på grunn av liten hjerne vekst. Hun var med på et vekkelsesmøte og mottok mange bønner. Fra da av, stoppet Joonsu å gråte og hans pupiller ble normale.

Diakonesse Hyeonju Kim erfarte guddommelig helbredelse og dro tilbake til Frankrike hvor hennes mann studerte. Etter at hennes mann var ferdig med hans studier, kom de tilbake til Korea og begynte å komme til vår kirke regelmessig.

Diakonesse Kim ble gravid igjen i 1999, og deres første sønn Joonsu, som ble født med svakhet, dro til himmelen. I ånden, var det heller en velsignelse for Joonsu å bli frelst og gå til Herrens side enn å lide på denne jorden.

Parret innså at det var Guds kjærlighet som tok deres sønn og ga dem et annet barn. Så de var ikke ulykkelige, men fortsatte takknemlig med deres kristne liv.

Diakonesse Kim ga hennes vitne til dette lykkelige livet som hun levde og anbefalte kvinnen til å akseptere Herren. Men ikke noe av dette innholdet ble sendt. Med de mange ledende spørsmål og redigeringen med en viss hensikt, sendte de dette som om dette parret levde slikt et ulykkelig liv med stor fortvilelse.

Jeg nevnte bare et par ting fra kringkastingen om kirken vår. Jeg vil helst ikke si noe om disse tingene. For å oppklare alt som ble sendt i 'Produsentenes Notat' programmet, hadde jeg måttet skrive mange bøker.

Men bare ved å se på forskjellige episoder, kan vi se hvordan sannheten i en situasjon kan bli til løgn. Dette var en overtredelse av pressen, for de sendte ut noe som de hadde forfalsket som om det skulle være sannheten. Det var egentlig religionforfølgelse.

Jeg forklarte noen deler av det i håp om at ingen andre vil lide de samme tingenen på grunn av slik en kringkasting. Hvis noe lignende skjer, er det også en seriøs personlig ærekrenkelse.

Søknad om Protest Rapport

Vår kirke sto ovenfor en forferdelig stor ødeleggelse på grunn av kringkastingen av løgnene, og vi søkte om megling fra Pressens Meglings Komité. Men kringkastingsstasjon fortalte oss at de hadde ingen hensikt med å megle. Så vi gikk til retten og søkte om en protest rapport.

En protest rapport er en sjanse til å gi forklaring på protesten eller forklare en situasjon. Den er gitt til de som påstår at de har blitt skadet på grunn av en presseutsendelse som ble sendt, mens sannheten i saken ikke ble klargjort.

Det er en sjanse til å gi rettferdighet og rettskaffenhet til de som har fått skader på grunn av en ensides presserapport som ikke er riktig.

14. oktober, 1999, ga Sørlandsk Retten for Seouls Herredsrett rulingen som sa,

교회연합신문

"MBC는 만민중앙교회 반론을 보도하라"

서울지법남부지원 관결 MBC 보도내용 대부분 사실 아닌 것으로 해석

1999년 11월 7일 (월요일)

기독교연합신문   1999년 11월 7일(일)

"MBC, 만민교회 반론 보도" 판결

남부지원, 총 14회 걸쳐

99년 11월 7일

기독교신문

종교관련 한건주의식 선정

만민중앙교회 관련 반론보도

2001년 8월 31일 금요일

제보에만 근거, 적절한 확인절차 없이 방송

남아있는 명예훼손등 소송에 영향 미칠 듯

조선일보

"MBC PD수첩 만민중앙교회
방영금지 가처분조치 정당"

헌법재판소 결정

99년 MBC 'PD수첩'이 방영하려
던 만민중앙교회와 관련된 프로그램
에 대한 교회측의 방영금지 가처분
신청을 법원이 받아들인 것은 합헌
이라고 헌법재판소가 30일 결정했다.
헌재는 MBC가 "법원의 결정이
언론자유를 침해한 결영행위"라고
주장하며 낸 헌법소원 청구를 기
하면서 이 같이 결정했다.
재판부는 결정문에서 "헌법상
지된 검열은 모든 형태의 사전 검
가 아니라 행정기관에 의한 것을
한다"면서 "방영금지 가처분은
부가 아닌 사법부의 결정이기
에 검열이 아니다"고 밝혔다.

國民日報   1999년 10월 28일 목요일

MBC 만민중앙교회 관련
반론보도 14건 대거 방송

MBC가 만민중앙교회 이재록 목사
에 대한 비리의혹 보도와 관련, 30일
까지 방송사상 가장 많은 14건의 반론
보도문을 내보낸다. 26일 'PD수첩',
27일 '화제집중, 생방송6시' 첫머리에
반론보도문을 내보낸데 이어, 28일부
터 '뉴스데스크' 등 5개 TV 뉴스 프
로그램, '아침 종합뉴스' 등 6건의 라
디오 프로그램에 이를 방송한다.

"MBC må kringkaste protesten til Manmin Joong-ang (Sentral) Kirke, i løpet av en bestemt tid, program, prosedyre, og metoder som er nevnt i vedlegget, totalt 14 ganger i 13 forskjellige programmer. Det vil si 7 TV programmer og 6 radio programmer."

Retten dømte også at, "Hvis MBC ikke følger dette, fra dagen etter utløpsdatoen og helt til det er gjort, må de betale 5 millioner won per dag for hver protestrapport som ikke har blitt fullført."

Så ifølge rettssaken, sendte MBC 'protest rapporten' i deres MBC Nyhets Skranke (Nyhetenes Hoved Program), 12 Middags Nyhetene, 18:00 Hawje Jipjung (Interesse Fokus), Dagens Siste Nyheter, osv. 14 ganger. Men dette kunne ikke engang dekke litt av skaden som vi hadde fått.

I deres Sjalusi, Bedrar Ledere Jesus

Jesus bare forkynte om himmelrikets evangelium, helbredet sykdommene til så mange, og ga livet til mange. Men på grunn av at Han åpenbarte Guds makt, som for eksempel å helbredet de blinde som ikke kunne ha blitt gjort av menneskene, var fariseerne, skribentene og lederne sjalue på Ham og baktalte Ham.

Johannes 10:20 sier, *"Mange av dem sa, 'Han har en djevel inne i seg og er gal. Hvorfor hører dere på Ham?'"* Jesus gjorde bare godt arbeid, men på grunn av at det var arbeide med Guds makt, dømte de Ham og sa at Han var gal.

Også når Jesus helbredet en person som var blind og døv på

grunn av en djevel, sa fariseerne i Matteus 12:24, *"Det er bare ved Be'elsebul, de onde ånders fyrste, Han driver de onde ånder ut."*

Drev Jesus ut djevlene ved Be'elsebul? De sa alle slags løgner som denne for å kunne drepe Jesus. Mange mennesker baktalte Ham og prøvde å tråkke på Hans navn.

Apostelen Paulus også åpenbarte Guds makt i utrolig form, og han ble derfor også fordømt som hovedmann for sekten nasareerne som i Apostlenes Gjerninger 24:5. I Apostlenes Gjerninger 26:24 ser vi at de også sa at han var gal.

På grunn av at den Hellige Ånds mektige arbeide går gjennom meg også, har djevelen hele tiden prøvd å ødelegge meg.

De som var sjalue på Guds arbeide som har blitt åpenbart og kirkens vekst som spredde så mange falske rykter og så prøvde å få meg dømt som er kjetter.

En Kirke Som er Etablert På et Fjell Kan Ikke Falle

Etter kringkastings episoden, trodde mange mennesker at vår kirke ville stenge dørene.

Det var på en måte helt naturlig. I 1999, fra 11. til 22. mai, ble vår kirke kringkastet 67 ganger, 33 ganger på TV, og 34 ganger i radio. Kringkastingsstasjonen dømte vår kirke ved å bruke falsk informasjon, så det virket ganske naturlig for folk å tro på dette.

Men en kirke som er bygget solid kan ikke falle sammen samme hvor mye mørket prøver å riste på det. En kirke som er etablert av Gud er holdt av Hans høyre hånd.

Når Jesus ankom byen Jerusalem, mottok isralittene Ham ved å rope hosianna, men de forandret seg plutselig og begynte å rope korsfest Ham i stedenfor.

Jesus måtte bli sviktet av en av Hans disipler som Han hadde elsket og opplært. Når Han ble arrestert, forsvant alle Hans disipler. Hvordan følte Jesus seg ved å se Hans disipler springe avgårde med frykt om at kanskje noe kunne skje med dem?

Han hadde kanskje syntes synd på dem, men Han kunne ikke ha hatt noen form for skuffelse eller hat mot dem. Jeg hadde ikke noe hat eller motvilje mot de som sviktet meg eller angrep meg.

De begikk urettferdighet og kjødelig ondskap som er veldig vanskelig å tilgi, men jeg bare fortsatte med å tilgi dem uten å avsløre deres feil.

De lot som om de var gode hyrder, men i all hemmelighet prøvde de å ødelegge meg. De prøvde å ødelegge meg og kirken. Selv om jeg hatet selve deres synd, hatet jeg ikke dem. Jeg ba bare med sorg og tårer om at ingen av dem ville falle inn i fordervelsen, men at de ville angre og gå tilbake for å motta frelse.

Ved å gå gjennom en rekke slike episoder, kunne jeg føle hvordan Guds hjerte hadde vært når Hans overengel Lucifer ble arrogant og bedro Ham. Jeg følte også Jesus hjerte når Judeas Iskariot bedro Ham. Skaden og smerten er vanskelig å bære til og med når en kjæreste bedrar deg og drar sin vei.

Jesus sa, *"Det som er født av kjødet, er kjød, og det som er født av Ånden er ånd"* (Johannes 3:6), og vi kan ikke tro på det kjødelige fordi det kjødelige forandrer seg. Når vi kaster bort kjødet, som er løgnen, fra vårt hjerte og omgjør det til ånden, sannheten, kan vi ha sanne hjerter og perfekt tro uten noen form for ondskap.

Ved å gå gjennom de tre prøvene fra 1998 til 1999, hadde jeg mere tid til å meditere på Jesus som ganske stille hadde gått opp til Golgata og tatt korset.

Han tryglet aldri om at Han var uskyldig og at Han hadde blitt urettferdig anklaget. Han tok så mye smerte og lidelse bare for å utføre Guds forsyn. Jeg kunne føle til en viss grad hvor dyp lydigheten og kjærligheten til Herren var.

Hvis Jeg Bare Kan Oppfylle Guds Ønske

Etter at Jeg hadde Mottat Hans Nåde

Før jeg ble kjent med Gud, hadde jeg ligget i min sykeseng i 7 år. På grunn av min søsters anbefaling, besøkte jeg Shinae Hyun Altar. Det var en livsendrende episode, nesten som å bytte om himmelen og jorden for meg.

Fordi menneskene der ropte ut til Gud, følte jeg meg ganske flau bare ved å stå der alene. Jeg visste ikke hvordan jeg skulle be, men jeg knelte ned allikevel. Ilden til Guds Hellige Ånd helbredet meg med det samme. Jeg ble før i tiden kalt 'sykdommenes varehus,' men bare på et kort øyeblikk ble jeg renvasket for all elendighet som jeg hadde hatt. Sykdommene var borte. Jeg var en fullstendig frisk mann.

Selv om det ikke var bønnene til overhode diakonesse Shinae Hyun, var jeg helbredet i den kirken, og hvor takknemlig var jeg ikke! Hver gang jeg pratet i et vekkelsesmøte, fortalte jeg om denne gangen hvor jeg hadde møtt Gud som hadde rørt ved meg og helbredet meg.

Hun er død nå, men Shinae Hyun besøkte vår kirke i en rullestol mange ganger. Hun spurte meg noen ganger om jeg kunne hjelpe henne, og jeg nektet aldri. Noen ganger oppsto det problemer på grunn av det, men jeg prøvde allikevel mitt beste for å hjelpe henne.

Fra tiden når jeg var en ny troende helt til jeg åpnet kirken, tjente jeg forskjellige prester, og jeg viser fremdeles min takknemlighet til dem til forskjellige tider. Jeg er også veldig takknemlig til prest Taekgu Son, som var min seminar lærer og også presidenten av Jesus' Hellige (Forente) kirkesamfunn på den tiden. Jeg kan ikke besøke ham selv på grunn av mitt opptatte tidsskema, men jeg sender alltid min kone eller andre krikemedlemmer for å takke ham hvert år.

Det er viktig at vi gir tilbake vår takknemlighet som vi fikk ifra andre mennesker. Viktigere er det at vi takker for Guds velsignelse. Hvordan og med hva kunne vi noensinne betale tilbake Guds kjærlighet og velsignelse?

Gud sier at Han vil elske de som elsker Ham og de som søker Ham vil finne Ham (Salomos ordspråk 8:17). Jeg holdt på dette verset ved å først elske Gud, og prøvde å gå hvor enn Han var.

Fordi Gud er lyset, må vi gå inn i lyset for å møte Ham. Fordi Han er godheten, må vi være gode. Fordi Han er kjærligheten, kan vi møte Ham når Han har åndelig kjærlighet.

Å elske Gud er å holde Hans budskap, og vi vil ble elsket av Ham til den utstrekning vi praktiserer Hans budskap.

Akkurat som et tørsti dådyr peser etter vann, var det min største glede å forstå Guds ord dypt i mitt hjerte og adlyde det. Gjennom hele min tilværelse, var jeg alltid fylt med et følelsesansvar for å lettere kunne fullføre Guds rike og rettferdighet.

Makt oppå Makt

Så fort jeg hadde overvunnet de tre prøvene med troen, lydigheten, og kjærligheten, førte Gud meg dypere inn i Hans makt. Til meg ville det ha blitt lettere å gi opp livet enn å gå gjennom de tre prøvene.

Abraham ble troens far ved å klare prøven om hans lydighet ved å gi hans eneste sønn, Isaac, som brennende offer. På samme måte var også Gud tilfredstilt med meg for at jeg hadde kommet gjennom tre prøver og velsignet meg med større makt enn før.

I Johannes 14:12 ble det skrevet ned at Jesus sa, *"Sannelig, sannelig sier jeg dere: Den som tror på meg, han skal også gjøre de gjerninger jeg gjør; og han skal gjøre større enn disse; for jeg går til min Fader."* Dette vil si at når vi lever fullstendig i Guds ord, vil vi bli i enhet med ånden sammen med Gud Faderen og kunne utrette maktens arbeide som Jesus hadde åpenbart.

"En gan har Gud talt; ja to ganger har jeg hørt det:

Styrken hører Gud til" (Salmenes bok 62:12). Som sagt, djevelen kan ikke utføre makten som tilhører Gud. På grunn av at de er åndelige mennesker, egget de menneskene til å stå opp mot Gud. Men de kan ikke engang imitere Guds makt. Makten til å kontrollere livet, døden, rikdommen, og de uhelldige menneskene, makten til å lede menneskenes historie og til å skape ting ut av ingenting er makten som utelukkende tilhører Gud. Men likevel kan hans makt bli åpenbart av de som tilhører Gud som er lyset, og som lever i det lyset, og som har blitt renset, og som har nådd opp til målingen av troen til Jesus Kristus.

Forskjellen mellom Myndighet, Makt, og Autoritativ Makt

Når vi generelt snakker om Guds makt, bruker vi vanligvis betegnelsen myndighet, makt, og autoritativ makt ensbetydende som om de har den samme meningen. Men det er forskjell. Makt er å gjøre de tingene som er umulige av menneskene, men som er mulige av Gud.

Myndighet er en verdig og prektig styrke som er gitt av Gud. Det er styrke å ikke ha noe synd i det åndelige rike. Derfor kan vi si at myndighet er selve helligheten. De barna til Gud som kaster vekk ondskap og løgner fra deres hjerte og blir renset vil motta åndelig myndighet.

Så hva er så autoritativ makt? Det er Guds makt sammen med myndigheten som er gitt av Gud til de som har kastet bort all slags ondskap og blitt renset. Det er makten og myndigheten sammenlagt. Men når vi refererer til autoritativ makt, sier vi vanligvis og simpelthen bare 'makt'. Denne autoritative makten har styrken til å drive bort urene djeveler og makten til å helbrede alle sykdommene og svakheter.

Svakheter er ikke bare simpelthen sykdommer. Det er angående lammelse eller degenerasjon av kroppsdelenes funksjon, slik at man ikke kan være med på vanlig aktiviteter. Svakheter er ting som ikke kan bli helbredet av menneskenes evner. Det inkluderer slike vilkår som å være blind, døv, stum, og visse andre lammelser.

Forskjellen mellom Gaven av Helbredelse og Makt

Mennesker tenker ofte på gaven om helbredelse og makt fra Gud som samme tingen. Men de er veldig forskjellige. Gaven til å helbrede som er nevnt i 1. Korintierne 12:9 er angående forbrenningen av bakterier og sykdommer.

Med denne gaven om helbredelse, kan vi ikke helbrede en kroppsdel som er fordervet, eller gi hørsel til en som ikke kan høre eller taling til en som ikke kan snakke på grunn av døde nerver. Men disse tingene kan bli helbredet når en person som har mottat makt av Gud ber med troen.

Så fort vi mottar Guds makt, vil det virke kontinuerlig. Men dette gjelder ikke med gaven om helbredelse. Gaven om helbredelse kan bli gitt uansett om den personen som mottar gaven er renset eller ikke. Det er gitt til de som har samlet opp mange bønner med deres bønner på grunn av deres kjærlighet for åndene, eller til de som er modige og som kan bli brukt av Gud.

Men Guds makt, som er lyset, kan bare bli brukt av en person som er renset. Når det har blitt mottat vil det ikke bli svakere eller forsvinne. Jo mere vi har i likhet med Herrens hjerte, jo større makt vil vi motta, og det vil bli større under.

Med bare gaven om helbredelse, er det ikke lett å helbrede veldig seriøse eller uvanlige sykdommer. Det er til og med vanskeligere hvis den syke personen har liten tro. Men med Guds makt, hvis den syke personen viser bare litt tro, vil det virke med en gang. Her refererer ikke troen til intellektuell tro, men til sjelelig tro.

De 4 Nivåene med Guds Makt, Han Som Er Selve Lyset

Gud lot meg forstå at det var forskjellige nivåer av Hans makt. Vi kan komme inn i eller motta høyere nivå med Hans makt ifølge hvor mye sannhet som er dyrket i våre hjerter.

> *"men for dere som frykter mitt navn, skal rettferdighetens sol gå opp med legedom under sine vinger; og dere skal gå ut og hoppe som gjøkalver"* (Profeten Malakias 4:2).

De som har hatt deres åndelige øyne åpne, kan se lyset som ligner laserstråler som kommer ned og helbreder sykdommer.

Det første nivået av Guds makt er makten som er forbundet med det røde lyset. Det er lyset til den Hellige Ånds ild som sykdommer blir brent med. Med ilden til den Hellige Ånd, brenner dette nivået sykdommer som er forårsaket av bakterier og viruser. Med slik makt kan, kreft, lunge tuberkulose, sukkersyke, leukemi, hjerte sykdommer, leddbetennelse, aids, og andre uhelbredelige sykdommer også bli helbredet.

Men det første nivået med makt, kan ikke helbrede alle sykdommene. I tilfelle med det siste nivået av kreft eller lungetuberkulose, hvis pasienten passerer over livets linje som er satt av Gud, er det vanskelig å helbrede sykdommen med makten på første nivået. Når kroppens organer eller vev er skadet og har mistet dens fungerende virkning, gjelder det ikke bare lenger bakteriene. Kroppen må danne seg nye og fornye vevene og organene. For å gjøre dette trenger vi større makt.

Men selv i en slik situasjon, hvis den syke personen og familiemedlemmene kommer sammen med kjærlighet og viser deres tro, vil Guds under oppstå. I kirken vår var det mange under som tilhørte maktens første nivå i løpet av de tidligere stadiene i vår kirke.

Maktens andre nivå er styrken til å drive vekk mørkets makt. Det er forbundet med det blå lyset. På dette nivået, kan vi vanligvis drive vekk mørket fra de som er besatt av djevelen og som mottar arbeide fra Satan.

Maktens andre nivå kan også helbrede åndssvakhet eller problemer med nervesystemet blant annet autisme, nevrose, schizofreni, nervesammenbrudd, og kronisk psykisk og fysisk utmattelse på grunn av depresjon. Disse slags sykdommer skjer vanlig hos folk som skjuler intens hat mot andre, og de som har fortrengte fiendtligheter, lav selvrespekt og som blir fort hissige.

Så med makten av det andre nivået, mange slags sykdommer som er forårsaket av mørkets makt vil bli helbredet. Mørkets makt vil derfor også gå vekk fra familier, firmaer, og arbeidsplasser. Det kan også bli oppvekkelse av de døde eller å ta

vekk ens sjel.

Apostelen Paulus vekket opp Eutychus (Apostlenes gjerninger 20:9-12). Når de hadde bedratt den Hellige Ånd, forbannet Peter Ananias og Sapphira, og de falt ned og døde (Apostlenes gjerninger 5:1-11). Når profeten Elisja forbannet flere ungdom som hadde ertet han, kom to hunbjørner ut og drepte flere av dem (2. Kongebok 2:23-24). Disse handlingene ble gjort på Guds andre trinn av maktnivået.

Det tredje nivået av makten er når man arbeider med et hvitt eller gjennomsiktig lys. Det er åpenbart i tegn og skapelsens arbeide. Et tegn er noe som er tydelig sett med øynene, slik som når en blind blir seende, den stumme kan prate, og den døve kan høre.

Den lamme kan også gå og den paralyserte blir gjort frisk. Vanskapthet, handicap, eller fullstendig fordervede kroppsdeler og organer blir fornyet. Brukne ben blir reparert, og ben som er borte er til og med fornyet.

Maktens fjerde nivå er åpenbart innenfor det gylne lyset, og det er det fullkomne nivået. Vi ser at dette makt nivået er åpenbart av Jesus. På dette nivået er makten for å kunne forandre vær forhold. Det er åpenbart i 'undrene'. Det vil si, en kan få regn til å falle eller stoppe. På dette nivået kan skyene bli flyttet på. Guds fjerde makt nivå er hvor man kan kontrollere og ta hånd om alle tingene.

Til og med de døde tingene adlyder befalingene på maktens fjerde nivå. Giften fra karbonmonoksid gassen vil gå ut av de som har blitt gass forgiftet. Varmen vil forsvinne fra de som har blitt brendt. Når Jesus forbannet et fikentre som ikke bar frukt, visnet det med en gang (Matteus 21:19). Når han irettesatte vinden og sjøen, ble de stille (Matteus 8:26).

Trærne, vinden, og havet, og alt i naturen, adlyder ordet når Jesus gir ordren. Akkurat som når Gud skapte himmelen og jorden med Hans ord, når Jesus pratet, alle ting adlød, og det ble til virkelighet.

Som i Hebreerne 11:1, hvis vi har perfekt tro som denne, tingenes innhold som man ønsker vil gå gjennom, og bevisene på de tingene som ikke kan sees vil bli sett. Det vil bli laget arbeide som å skape noe ut av ingenting.

I maktens fjerde nivå, vil makten finne sted ved å overstige tiden og plassens begrensning, bare ved en muntlig beskjed. Gud vil gjerne gi Hans makt til alle Hans kjære barn, men det er en sjeldenhet å finne en person som har nådd dette nivået.

I Markus 7:24-30, en kvinne som hadde en djevelbesatt datter kom til Jesus og spurte Ham om å drive vekk djevelen fra hennes datter. Jesus så hennes ydmykhet og troen og sa, *"Gå; djevelen har forsvunnet fra din datter."* Datteren var gjort frisk med det same. Når kvinnen dro tilbake hjem, hadde datteren allerede blitt kvitt djevelen.

På samme måte gikk ikke Jesus til stedet hvor den syke personen var. Bare ved Hans befaling, ble Guds makt som går utenom tid og plass åpenbart.

Utrolige Under

I Apostlenes gjerninger 19:11-12 er det skrevet, *"Og usedvanlige kraftgjerninger gjorde Gud ved Paulus' hender, så at de endog tok svetteduker eller forklær som han hadde hatt på seg, og bar til de syke, og sykdommene forsvant fra dem, og de onde åndene for ut av dem."*

Akkurat som når Gud viste utrolige mirakler gjennom apostelen Paulus, viste Gud slike under gjennom meg også. Akkurat som i Paulus tilfelle, lysets makt er holdt i lommetørklet som jeg sitter og ber på, og når mennesker ber for andre med det i troen, helbredende under vil finne sted.

I vår kirke, mange kirketjenere og prester demonstrerer helbredende under gjennom disse lommetørklene med bønner og de holdt også vekkelsesmøter i andre land.

På maktens fjerde nivå, blir sykdommer helbredet og mørkets makt går vekk gjennom Guds makt som går utover tidens og plassens begrensning. På det fjerde nivået, åpenbarer tegn seg, og alle tingene i universet adlyder. I det gylne lyset på Guds fjerde makt nivå, alle undrene som tilhører 1ste, 2dre, 3dje, og 4de nivå av makten kan bli åpenbart.

Historien om Jenten i Pakistan som Hette Cynthia

Rev. Wilson John Gil i Pakistan hadde en ung datter ved navnet Cynthia. I juli 1999, begynte hun plutselig å kaste opp, og hadde blodig avfall og diaré. Hun var lagt på hospitalet i Rasheed sykehuset Lahore. Hennes tykktarm hadde lukket seg. Hun trengte å gjennomgå operasjon med det samme. Men hennes kropp var altfor svak til å kunne klare operasjonen.

Navnet til sykdommen var 'Celiac sykdommen' sammen med blokkering av tykktarmen.

På den tiden var Cynthias eldre søster i Korea. Hun brakte meg Cynthias bilde. Det var 23. juli, 1999. Jeg ba veldig innstendig ved dette bildet. Akkurat da hadde Cynthia gått på toalettet for første gang på 10 dager. Hun gjenvant helsen veldig fort og kunne sitte oppe neste dag. Hun ble løslatt fra sykehuset etter tre dager. Hun ble helt frisk igjen.

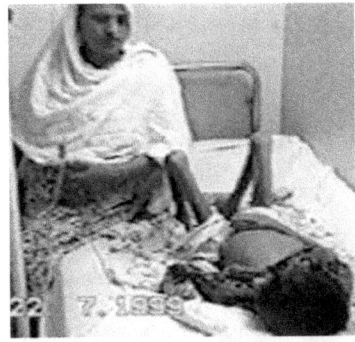
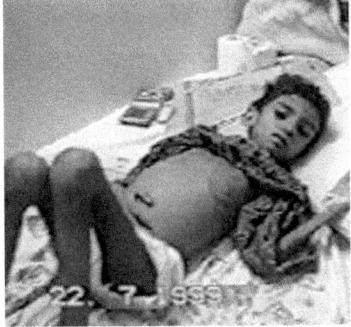

Cynthia på Sykehuset (22. juli, 1999)

Friske Cynthia (2007)

Beding på Cynthias bilde

Skapelsens Høyeste Makt

Det er et høyere makt nivå som er høyere enn disse fire makt nivåene. Dette er makten som tilhører Gud Skaperen av opprinnelsen. Når Gud sa, "La det bli lys," var det lys. Dette er makten hvor alt som er befalt vil bli fullbyrdet.

Når Gud befaler en blind mann til å åpne sine øyne, vil hans øyne åpnes. Når Gud befaler en lamm mann til å gå, vil hans kunne gå. Undrene som Jesus viste åpenbarte seg gjennom Skaperens Høyeste Makt, som ligger over de fire makt nivåene. Dette er makten til Skaperen ved skapelsen.

Dette er ikke et nivå hvor en skaper mottar makten fra Gud og viser forskjellige arbeid. Dette er makten som kommer fra det originale lyset som Gud var fylt med når Han var alene i tiden før skapelsen begynte.

I evangeliet om Johannes kapittel 11, kan vi se den døde Lasarus, som hadde vært død i fire dager og som allerede luktet fælt, var gjenopplivet og kom spaserende ut da Jesus befalte og sa, "Lasarus, kom ut!"

Når en mann kaster bort all form for ondskap, blir renset, kommer frem som en mann med en hel ånd som ligner på Guds hjerte, og skaffer seg ubegrenset åndelig kunnskap, kan han gå inn til nivået som går utenom maktenes fire nivåer.

Når han fullfører nivået til Skaperens Høyeste Makt, slike overveldende under som når Gud skaper alle ting med Hans ord, kan finne sted.

Nytt Århundre Begynte med et Stort Tegn

I året 2000, rørte Gud ved mitt hjerte for å ofre ham en svoren bønn. Jeg ofret svorne bønner fire ganger. Gud ville at jeg skulle konsentrere meg om bønner veldig iherdig. Han lot meg vite at jeg måtte be alene i fjellene uten å ha kontakt med eller prate med noen.

På den tiden hadde jeg mange byrder vedrørende kirkens økonomi og andre ting, og det var i virkeligheten veldig vanskelig for meg å fokusere og konsentrere meg i mine bønner. Hvis jeg ikke hadde kommunisert med Gud, ville jeg allerede hatt seriøse problemer på grunn av usedvanlig mye stress.

I løpet av hans liv på jorden, ba også Jesus hver gang Han hadde tid. Selv om Jesus er selve Guds makt, fordi Han hadde en menneskekropp, måtte Han bli fylt med rikdommen til den Hellige Ånd gjennom bønner for å fullstendig demonstrere Guds makt.

Fra 21. februar, ofret jeg den 1. svorne bønnen for 10 dager. I fjellene sov jeg et par timer på dagen og spiste to ganger på dagen. De var veldig enkle måltider, så 10 minutter var nok til å gjøre en ferdig. Med unntak av disse gangene, ba jeg hele dagen ved å knele ned, og i løpet av pausene leste jeg Bibelen.

"Hvordan kan jeg motta mer makt, bli kjent med Gud Skaperen, og frelse bare en sjel til? Hvordan kan jeg bekjentgjøre vår Frelser Jesus? Hvordan kan jeg bekjentgjøre himmelen og helvete og la mennesker akseptere Herren? Hvordan kan jeg forkynne evangeliet til verden?"

Mitt eneste ønke var å fullføre Guds rike og Hans rettferdighet. Men etter at den 1. svorne bønnen var over, følte jeg meg litt skamfull og forvirret overfor Gud.

Jeg ba på det høyeste, men jeg følte at det ikke kunne konkurrere med bønnene til Jesus, når Hans svette ble til dråper av blod mens Han ba på Gethsemane. Men Gud Faderen var tilfredstilt med mine bønner og ga meg en stor presang.

Tegn om Bittert Vann som blir Forandret til Søtt Vann

Lokalisert på #153 i landsbyen Chun-Jang, bydelen Heje, Muan distriktet, i Cheonnam staten er Muan Manmin Kirken. Det er nå forbundet med fastlandet, men det var originalt en øy som var kalt 'Jookdo'. Det var en bygning til en ungdomsleir der og Muan Manmin kirken kjøpte denne bygningen for å bruke den som et sanktuarium. Det er bare en fem minutters kjøretur fra landsbyen hvor jeg bodde i min barndom.

Muan Manmin Kirken flyttet til dette stedet i februar 1999, men de fant ganske snart ut at de ikke hadde nok drikkevann. Det var gravd en brønn fra før, men de fikk bare sjøvann fra den og det kunne bare bli brukt for svømmebassenget.

Prest Myeongsool Kim i Muan Manmin Kirken hadde alltid trodd at det ville vært kjempefint hvis dette vannet hadde vært friskt drikkevann. På grunn av at det ikke var noe ferskvann tilgjengelig der til å drikke, brakte de vannet inn fra tre kilometer avgårde gjennom en hageslange.

De hadde store vanskeligheter på vinteren på grunn av at vannet i slangen ville fryse og brekke istykker linjen.

Gud Er Den Samme Igår og Idag

Prest Myeongsool Kim i Muan Manmin Kirken leste om det sure vannet i Marah som ble forandret til søtt vann i 2. Mosebok. Han trodde at sjøvannet kunne bli forandret til drikkevann hvis han mottok bønn fra meg.

2. Mosebok 15:23-25 sier, *"Så kom de til Mara; men de kunne ikke drikke vannet i Mara fordi det var berskt; derfor ble stedet kaldt Mara. Da knurret folket mot Moses og sa: Hva skal vi drikke? Og han ropte til Herren, og Herren viste ham et tre; det kastet han I vannet, og vannet ble godt."*

Dette var for rundt 3,500 år siden, når isralittene krysset Røde Havet. De søkte etter vann i villmarken i Shur, men de kunne ikke finne noe ferskvann å drikke. Nå begynte de å klage på Moses. Når Moses ba til Gud, ble det udrikkelige sure vannet forandret til friskt søtt drikkevann.

Prest Myeongsool Kim og kirkemedlemmene ba ikke bare for at vannet skulle bli forandret. De spurte meg også om å besøke deres kirke og be for den. De hadde tro på at det salte sjøvannet kunne bli forandret til søtt vann.

Under min første fjellbedings forsamling, ba jeg spesielt

Muans søte vannbrønn

for Muan Manmin Kirken. Jeg hørte at i løpet av mine 10 bededager, var det sirkelformete regnbuer dag og natt på Maun Manmin Kirken. Jeg fikk senere vite at medlemmene av Muan Manmin Kirken fastet og ba for min tid på fjellet.

Når jeg kom tilbake fra bønnene på fjellet den 4. mars, etter at fredagens nattgudstjeneste var over, kom prest Myeongsool Kim til meg med noen bede titler, og spurte om jeg kunne be for dem.

Fordi kirkemedlemmene i Muan led så mye, ba jeg ikke bare for de bønnene som han ga meg, men jeg ba også for at det salte sjøvannet skulle bli forandret til søtt drikkevann. Gud hørte denne bønnen, og ved å overstige tiden og stedet, åpenbarte Han Hans under på brønnen i Muan som var flere hundre kilometer unna.

Dagen etter når presten Kim sjekket brønnvannet med medlemmene, fant de ut at vannet som hadde vært så salt og surt, var nå drikkelig.

"Senior Pastor, et mirakel er skjedd! Det salte vannet har blitt til søtt drikkevann. Det udrikkelige sjøvannet hadde blitt forandret til søtt vann!"

Prest Kim ringte til meg og fortalte meg om disse nyhetene. Jeg kunne høre de opprørte stemmene til medlemmene i Muan Manmin kirken gjennom telefonen.

Helbredelse gjennom det Søte Vann

Det søte vannet har svakt alkali og har rikelig med mineraler. Det var ikke bare drikkelig; det hadde også helbredende virkning. Koreanere har vanligvis ikke 'doble øyelokk', som er et lag i huden på det øverste øyelokket. Men mange folk som brukte vannet med troen fikk med en gang et dobbelt lag på det øverste øyelokket. Mange mennesker har blitt helbredet av maveproblemer og hud problemer.

Prest Sungchil Lee i kirken vår, brakte hans tre barn for å vise meg deres doble øyelokk. Alle tre barna hadde aldri hatt dobbeltlag øyelokk før, men med det søte vannet, hadde de fått doble øyelokk. Det er mange utsagn fra andre land også.

I Muan, er det et rør i brønnen. Noen troende kunne se med åndelige øynene at det var stråler med lys som kom ned fra Guds trone og rundt bunnen av rørene.

Når det salte sjøvannet går gjennom de lysene, blir det forandret til søtt vann. Ikke bare fra Korea, men også mange mennesker fra andre land besøkte stedet. Noen av dem så også strålene med lyset og lysets makt i det søte vannet med deres

Ferskvanns fisk kan ikke leve i saltvann; saltvanns fisk kan ikke leve i ferskvann. Men fersvannsfisk og sjøvannsfisk lever sammen i Muans søte vann

åndelige øyne.

29. mars, 2000, tok diakonisse Hyeonju Oh ut kokende vann fra en stor jerngryte. Ved et ulykkestilfelle rant det kokende vannet ned over hennes nakke og skulder.

Hun fikk en seriøs forbrenning på hennes bryst og bak på nakken. Hun fikk bønner som var spilt inn med troen på den Automatiske Telefonsvareren for de syke øyeblikkelig, og hun kunne føle varmen forsvinne. Hun hadde senere utsiving fra brannsårene, men når hun smurte på det søte Muan vannet, gikk det også vekk.

Etter tre dager, mottok hun bønner fra meg. På en uke hadde hun fått skorpe på brannsårene og når de fallt av ble hennes hud helt klar. Hun ble helt frisk uten noen som helste bivirkninger.

Dyr ble også Gjenopplivet av det Søte Vannet i Muan

Dette skjedde i bedehuset i Galilea hvor jeg ber. Det var i mai 2003. En ringdue lekte like ved siden av en Sjeferhund. Fuglen var ikke redd selv når hunden gjødde på den. Jeg var ganske urolig.

"Den hunden er bundet fast, men så fort han kommer nærme nok, vil den bite. Hvorfor leker fuglen her?"

Når sjeferhunden gjødde ville duen gå tilbake et par skritt. Den bare fortsatte med å leke der. Jeg tror det gikk et par timer slik. Hunden virket som om den ble for trett til å gjø mere.

Jeg hørte en interesant historie fra bedehusets vaktmester. Flere dager tidligere, en ringdue falt ned i haven og bare viftet med vingene på bakken. Når han så fuglen, hadde den allerede mistet mange av dens fjærer, og det var ved å dø. Det virket som om fuglen hadde spist en slags gift.

Han ville gjerne redde denne duen. Han ba og matet duen med det søte Muan vannet. Etter at han hadde matet den med det søte vannet flere ganger, virket det som om den hadde fått tilbake styrken og fløy avgårde.

Fra neste dagen av, begynte denne duen å besøke stedet hver morgen. Den bare lekte i haven eller satt i trærne og når kvelden kom dro den avsted. Noen ganger ville den bringe andre fugler og leke der. Helt til dette skjedde, hadde jeg aldri før lagt merke til at en due kom til bedehuset.

Ved å høre denne historien, ble jeg rørt og imponert av at til og med en fugl kjenner til nåden. Den fortsatte med å komme dit som for å tilbakebetale nåden. På fjellet hadde den sikkert mange flere venner, men den fortsatte å komme alene og dro aldri avgårde.

Jeg spurte personen om å putte nok mat i haven slik at den kunne komme tilbake med vennene sine og leke der.

Jindol Kom Tilbake Etter 18 Dager Fra Dødens Terskel

Vi hadde en Jindo hund som hette 'Jindol'. Vaktmesteren lot han gå løs uten bånd en gang om dagen. Jindol gikk da opp til et fjell i nærheten og kom tilbake etter en time. Men en snefylt dag forsvant Jindol. Han kom ikke tilbake selv etter et par dager. Vi ettersøkte overalt etter ham, men kunne ikke finne ham.

Vi ga nesten opp. Men etter 18 dager kom han tilbake. Vi kunne se at han hadde blitt grepet i en felle på fjellet og hadde lidd forferdelig. Han hadde en metalltråd rundt hans nakke. Han hadde veldig seriøse skader.

Han var så tynn, og det var bare hud og ben igjen av ham. Han hadde ikke noen pels på nakken, og metalltråden hadde til og med gått helt ned til benet. Han hadde måttet kjempet så hardt i søla at hele hans kropp hadde blitt dekket med søle. Arbeiderne sprøytet Muans søte vann på hans nakke uavbrutt. De kokte også litt fisk til ham for å gi ham gode næringsstoffer. Jeg synes synd på ham og ba også for ham.

Vanligvis likte han meg ikke særlig. Jeg bare smeiket han en gang iblandt, men det skjedde bare når jeg dro til bedehuset. Så han mottok meg ikke så godt. Han ville ikke engang følge personen som matet han.

Men etter at dette skjedde, forandret Jindol seg fullstendig. Straks han hørte lyden av min bilen, kunne han ikke kontrollere hans glede og hans logring med halen. Han følger nå personen som mater ham veldig godt. Alle elsker ham.

Akkurat som når menn går gjennom prøver og blir mere voksne, virker det som om Jindol har forstått betydningen av hans hjem og var takknemlig for hans herrer. Etter at han erfarte at han kunne til og med dø hvis han forlot hans herre, ble han forvandlet til en hund som følger sin herre over alt.

Bevist av FDA Prøven

Noen mennesker misforstår Muans søte vann. Et koreansk kringkastings firma ved navnet MBC kringkastet nylig noe om Muans søte vann. På grunn av deres fordomsfulle synspunkt, noen misforståelser oppsto.

FDA (Mat og Medikament Administrasjonen) er en regjerings organisasjon som tilhører Helse og Folketjeneste avdelingen i Amerika. De opprettholder sikkerhetsgraden og kvaliteten for mat, medisin, kjemikalier, kosmetikk, og mattilsettninger. De sjekker dem og godkjenner dem.

FDA gjorde undersøkelser på Muans søte vann på fem forskjellige områder som inkluderte en mineral prøve, en tung artilleri prøve, pesticid residualkontroll, opprinnelig hudirritasjons prøve, og alvorlig munnforgiftnings prøve.

Resultatet ble at Muans søte vann er godt for å drikke og i det hele tatt ufarlig for menneskekroppen. De fant ut at den var spesielt rik på mineraler som er nødvendig for menneskekroppen, og spesielt rik i kalsium, noe som var tre ganger høyere enn det velkjente kildevannet i Frankrike og Tyskland.

Det var bevist at det søte vannet i Muan er et utrolig godt drikkevann. Til og med åndelig inneholder det Guds makt for de som tror og drikker og bruker det som erfaring til guddommelig helbredelses under.

De Som Kritiserte Det Sa, "De er fulle av søt vin."

Etter Herrens oppståelse, mottok Peter den Hellige Ånd. Peter åpenbarte mange tegn som for eksempel helbredelse av de syke og drive ut djevelene. Jødene var sjalue på ham og fengslet Peter og andre apostler. Når Paulus drev ut en djevel, ble han slått ned og fengslet også.

I pinsen, så jøder fra flere nasjoner Herrens disipler som var fulle av Ånden og som pratet i andre tunger. De var overrasket, men trodde ikke at det var et arbeide fra den Hellige Ånd. De gjorde heller narr av dem og sa at de var fulle av søt vin.

På samme måte, er det mennesker som kritiserer den Hellige Ånds arbeide ved å si at disse episodene kommer fra noe mystisk eller at det bare er et slags skuespill. Jeg blir veldig lei meg når jeg hører slike ting.

Gud viste oss underet med å forandre det salte vannet til søtt vann etter mitt første fjellmøte. Han lot oss vite at Han ville gi meg kunnskaper om forskjellige tidligere dimensjoner gjennom det andre bønnemøte på fjellet. Det var kunnskapen for å kunne løse hvilket som helst vanskelig problem.

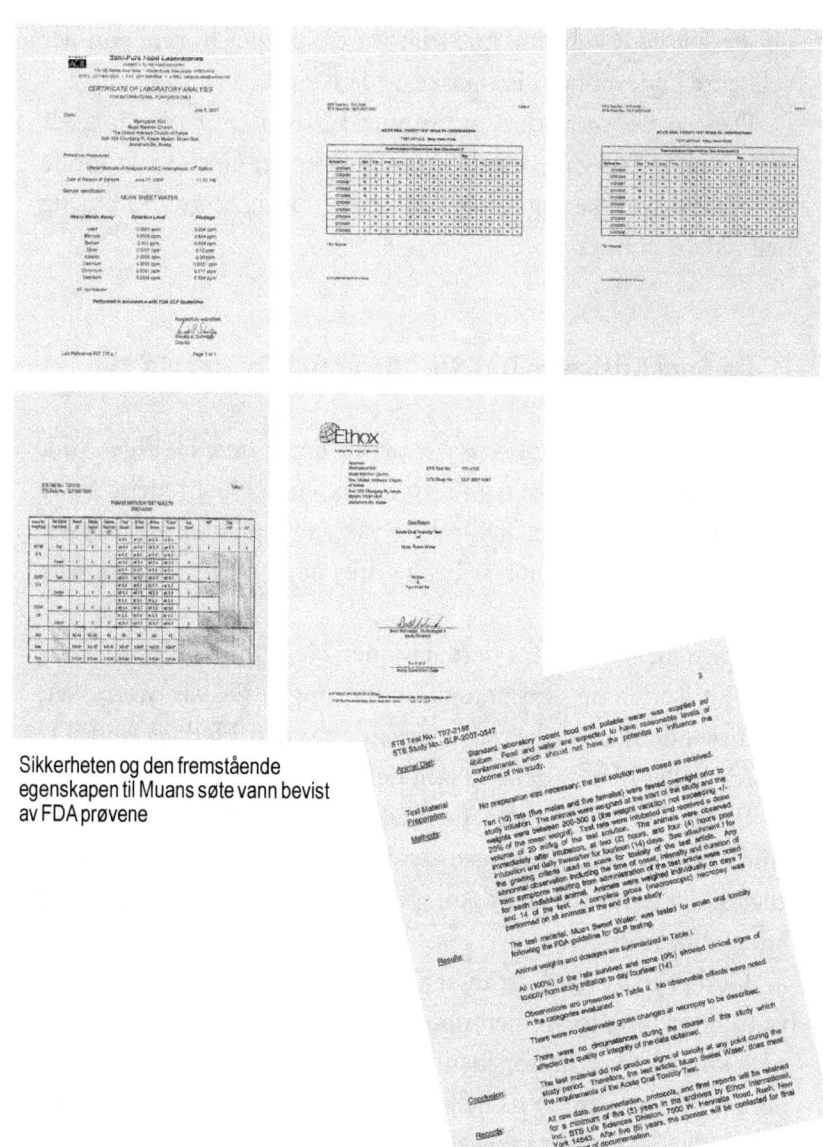

Sikkerheten og den fremstående egenskapen til Muans søte vann bevist av FDA prøvene

Bønner oppe i Fjellet og Sette Mitt Liv i Fare

Gud ba meg be under det tredje bønnemøte oppe i fjellet akkurat som bønnen for Jakob når han brakk sitt hofteben. Han ba meg også å be som om mitt hjerte skulle briste. Det menes at jeg måtte gi alt jeg hadde. Gud ga meg Hans ord under bønnene.

"Frels sjelene fort med dette hellige evangeliet. De sier, 'Herre, Herre, jeg tror' med deres lepper. Men de har ikke troen til å erkjenne Meg inne i seg. Hvis de virkelig tror på Meg, vil de også tro på sykehuset når noe skjer med dem? De later som de er hellige på utsiden, men på insiden, dømmer de og vraker og ærekrenker de andre. De er hvitvaskede gravsteiner. Akkurat som når en blind person fører en annen blind person, er det Guds tjenere og lærere som leder manfoldige sjeler inn til døden. Forkyn hurtig om dette evangeliet over hele verden. Lær dem om hvordan de kan motta frelse. Vekk opp alle sjelene

i verden."

Det menes at det er få mennesker som har åndelig tro for å motta frelse i løpet av de siste dagene.

Gud viste meg hvordan Moses ba. Han forklarte meg hvordan Moses ba for å motta de Ti Bud uten å engang drikke vannet på Sinai Fjellet.

Sinai Fjellet hadde ikke noe vann, trær, blomster, eller syngende fugler. Det var en villmark full av stener og sand hvor bare det å finne en plante var uvanlig. Moses ba alene. Mens han ba den første bønnen, var Josva med ham. Men når han ba den andre gangen for å motta budskapene igjen, måtte han be alene.

Etter at han hadde passert 80, kunne ikke Moses ha vært en velfødd mann. Han hadde på seg fillete klær og ba alvorlig mens han lå på knærne dag og natt. Blod ville renne ned fra hans håndflate, og hans knær var skrammet opp helt ned til bena. Han ba dag og natt med slike smerter for 40 dager og mottok Guds svar, de Ti Budskapene.

Det er ikke lett å motta Guds budskap og høre Hans stemme. En må gjøre seg selv fullstendig lydig og ren. Når jeg var ferdig med det tredje bønnemøte på fjellet, fortalte Gud meg at jeg hadde bedt ved å risikere mitt liv. Han lærte meg noen hemmeligheter om den åndelige virkelighet og om ting som kommer i fremtiden.

Ved å holde på ordet i Johannes 14:12, ba jeg om å motta en dobbelt porsjon makt og inspirasjon for å fullføre de større undere som Jesus hadde pratet om.

Det er på grunn av at det er en absolutt nødvendighet i disse tider å ha Guds makt og klar inspirasjon fordi verdenen er så full av synder. Det er også for å frelse de som ikke tror selv etter at de har sett og for å bryte ned idoler og tanker om darwinisme som er virksom rundt hele verden. Gud var tilfreds med denne bønnen og ga meg et løfte om at dette ville bli fullført.

Mot slutten av april, rett før Vekkelsesmøte i mai 2000, begynte jeg på det fjerde svorne bønnemøte. Gud ba meg om å tenke på alt mulig, selv min familie eller kirken. Jeg tenkte bare på himmelen og Gud Faderen både dag og natt og ropte ut i bønn.

Jeg så også på skyene og solen på dagen og månen og stjernene på natten, og lærte mere om Guds kjærlighet og forsyn. Gud lærte meg mange ting om hemmelighetene til den åndelige virkelighet. Han lærte meg dypere om det himmelske riket og også om de onde åndene som øver på kontroll i helvete.

Etter de fire gangene med svergede bønner var ferdige, ga Gud den samme makten som skulle bli vist i Iguacu Fossen. Gud skulle svare hvis de troende bare viste litt tro. På vekkelsesmøte i mai, la jeg ikke min hånd på hver og en av de syke personene, men jeg bare ba for dem fra prekestolen.

Bare ved å be en gang, ble forskjellige sykdommer helbredet; de fikk tilbake synet; og mange sto opp fra sine rullestoler. Jeg kunne bare takke Gud.

Ikke Ødelegg Belønninger som er Oppbevart i Himmelen

2. juni, 2000, da jeg akkurat skulle dra hjemmenifra til fredagens overnattingsgudstjeneste, kunne jeg se den eldre Jongkyoo Lee. Han var veldig syk. Når jeg så han, ble jeg klar over at jeg måtte be for hans frelse, og ikke hans helbredelse. Han var fryktelig redd for noe og kunne ikke snakke.

Gjennom inspirasjon, kunne jeg se at engler og onde ånder

kjempet for å ta hans sjel til deres side. Det var derfor vanskelig for ham å bli frelst på denne måten. Djevelen anklaget ham foran Gud, slik at han kunne ta ham med seg til helvete.

Jeg ble klar over den seriøse situasjonen og ba, "Alle de onde åndene, lederne i luften, gå vekk! Fader, aksepter hans ånd."

Folkene rundt meg var overrasket og spurte meg om å be for hans helbredelse.

En av dem sa, "øversteprest, han har vært lederen for den friville gruppen i så mange år, og han må komme til den kommende andakten for frivillighetsgruppen."

Jeg sa, "Hørte du ikke min bønn? Det er akkurat som jeg sa det."

Etter at han mottok bønnen, den eldres ansikt hadde fred og tårer rant ned hans ansikt. Han oppnådde fred midt i den uforståelig smerte. Jeg ba hans familie om å gjøre istand til en begravelse. Jeg spurte også kirketjenerne om å gjøre deres beste for denne begravelsen siden, som de sa, han hadde arbeidet som lederen av frivilighetsgruppen i mange år.

Dette var et tilfelle hvor han hadde arbeidet for kirken, men han hadde knapt nådd frelsen. Neste dagen, den 3. juni, sovnet han stille inn. Gud viste meg at han var i den øverste graven, hvor de frelsede menneskene venter. Mange mennesker ventet i lang kø, og han la hans hodet ned.

"Vet du ikke hvorfor din sønn legger sitt hodet ned? Det er på grunn av at han er et Manmin medlem som har spist av den åndelige føde med ord fra deg."

Som et Manmin medlem, hadde han hørt livets ord. Han var en av de eldste og sjefen for frivillighetsgruppen. Han skulle ha kommet inn i en av de bedre oppholdsstedene i himmelen som for eksempel det tredje riket i himmelen eller det Nye Jerusalem. Men han ble bare så vidt frelst. Med andre ord, han mottok skamful frelse og dro bar inn til paradiset. Derfor kunne han ikke holde sitt hode oppe. Gud, fortell meg at han ble gråtende takknemlig for å ha blitt frelst og at han lovet at han ville be for meg til vi møttes igjen.

Så hvorfor måtte en trofast tjener motta slik en skamful frelse? Hva Gud lot meg vite, var følgende:

Når vår kirke sto ansikt til ansikt med tre prøver, som sjefen for frivillighetsgruppen, skulle han ha vært nærmere presten og medlemmene enn noen andre. Men da han hørte de falske ryktene og så sakene som ble laget av de onde menneskene, ble han rystet.

Jeg hadde lært medlemmene og hadde lagt trykk på flere ganger ikke å se, høre, eller spre noe som ikke var sant, men han adlød ikke. Han hørte på de som prøvde å ødelegge kirken og hans hjerte ble usikkert.

Til og med i den 1999 kringkastings episoden, var han i en posisjon til å beskytte kirken og hyrdene, men han ble villedet av de onde menneskene og holdt ikke hans plikt. Fordi han skuffet Gud på denne måten, kunne Gud ikke beholde ham. Hans belønning som han hadde oppbevart i himmelen var nå vekk, og det var vanskelig for ham å til og med bli frelst.

På grunn av denne situasjonen, brakte djevelen anklager mot ham for å kunne ta ham med seg til helvete, men det var samtidig engler som prøvde å ta ham til himmelen. Hvor smertefult det måtte ha vært for ham under slike vilkår! I den situasjonen, når jeg ba om å drive vekk djevelen, den onde ånden forsvant og han ble frelst.

På samme måte som når en fordømmer en kirke som Gud elsker for å være kjettersk, eller fordømmer en prest, som er elsket av Gud, for å være en kjetter, eller baktaler dem på noen som helst annen måte, er det gudsbespottelse mot den Hellige Ånd. Hvis en begår slik en synd, kan han ikke bli tilgitt selv når han angrer. Det vil bli veldig vanskelig for ham å bli frelst, og belønningene som han har oppbevart vil bli ødelagt.

Derfor burde vi alltid holde på vårt ord og utarbeide vår frelse med skjelving og frykt hver dag (Paulus' brev til Filipperne 2:12).

Forutsigelse om Nord Korea

13. juni, 2000, ankom president Kim Daejoong Soon Ahn flyplass i Pyong-yang, Nord Korea. Det var første gangen for en president fra Koreas Republikk å besøke Nord Korea for en drøftelse på toppnivå.

I desember 1983, profeterte jeg at sør statenen ville ha forbindelse med nord statene etter 3 år. Det var rett etter at Nord Koreas terrorist angrep på mange av de koreanske statsrådene i Myanmar, så forholdet var fullstendig frosset. Hvis noen sa noe som ikke var i enighet med regjeringspolitikken mot Nord Korea, ville det si at vi brøt den 'Nasjonale Sikkerhetsloven'.

Slik terrorisme fant sted i oktober 1983, når president Doohwan Chun gikk rundt og besøkte seks land. Myanmar var det første landet. Mens de besøkte graven til Aung San, var det et stort smell og blandt presidentens følge, ble 17 drept og 14 skadet.

Jeg fikk vite at dette angrepet var ledet av Kim Il Sung, Nord

Koreas leder på den tiden. Sør-Nord forholdet var fullstendig frosset, og ingen kunne forestille seg noen form for samarbeid.

Men etter 3 år, først i januar 1987, var det lagt forslag fram om å ha en Sør-Nord politisk og militør forhandling, en Sør-Nord statsminister forhandlig, og forhandlinger om å redusere de militære styrkene. I løpet av den første halvdelen av 1990, profeterte jeg også om at Sør-Nord forholdene ville forbedre seg mere, og at det ville fortsette og forbedre seg.

I september det året, ble de første forhandlingene mellom de høyere embetsmennene i Sør-Nord holdt i Seoul. I oktober var det en fotballkamp mellom Sør og Nord, og folkene var veldig overrasket over den uventede helomvendingen. Siden da har det vært mange forhandlinger mellom de to sidene inkludert idrettsforhandliger og flere av de øverste embetsmenns forhandlingene i løpet av året.

Rett etter at kirken hadde åpnet, fortalte Gud meg at det ville bli drøftelser på toppnivå mellom Nord-Sør og hvordan situasjonen ville ende mot slutten av tiden.

Herren fortalte meg at når det var forhandlinger om å velge en president for både nord og sør, da mentes det at Han sto like for døren. Dette menes at disse epsiodene er en nær forbindelse med Herrens nedkomst.

Drøftelser på Toppnivå Akkurat som Spådd

Akkurat som Gud fortalte meg i 1983, drøftelsene på toppnivået mellom Nord-Sør ble holdt 15. juni, 2000. Like før denne drøftingen ble holdt, erklærte jeg 4. juni, 2000 hva som ville skje i fremtiden med tanke om toppnivåets drøftelser.

"Nord Korea har deres eget program når det kommer til disse drøftingene på toppnivået. Vår representant må ikke bli lurt. En grunn er økonomien, men dette er en liten ting. Jeg anbefaler dere som er medlem om å be for dette."

I søndagsgudstjenesten 11. juni, forklarte jeg om hva Gud hadde fortalt meg.

"Drøftelsene vil bli utført. Den første drøftingen vil bli veldig vennlig, ta en spasertur og til og med spøke med hverandre. Det vil være mange politiske, økonomiske, og idrettsutvekslinger. Men fra om med den andre drøftelsen vil presidenten få vanskeligheter på grunn av deres program. Vær så snill og be for at vi kan unngå store vanskeligheter. De prater her om de to lederne som gikk en spasertur og pratet vennlig på en vennskapelig og intim måte."

Det vil si når president Kim Daejoong ankom Pyong-yang 13. juni, dro Kim Jong-il til flyplassen for å ønske ham velkommen. De fleste mennskene forventet at forhandlingstemningen ville bli litt besværlig og tøff.

Men under hele president besøket, viste Kim Jong-il en veldig vennlig oppførsel, og spaserte med president Kim Daejoong med en veldig vennlig innstilling. Det overrasket folkene i sørstatene. Hans instilling sjarmerte selv folkene i sørstatene. Det var til og med ord som, 'Kim Jong-il sjokk,' eller 'Kim Jong-il syndrom.'

Akkurat som Gud hadde fortalt meg, drøftelsene på toppnivået var holdt på en veldig vennlig måte, og de lovte å holde flere forhandlinger. Når den første forhandlingen var holdt, var folk fylt med sterke følelser. Hele landet var glade for den gode sinnsstemningen.

Detaljerte Planer var Gjemt.

Etter at president Kim Daejoong kom tilbake fra hans besøk til Nord Korea, i fredagens overnattingsgudstjeneste og søndagsgudstjenesten 16. og 18. juni, forklarte jeg om hva Gud hadde fortalt meg. Nord Korea viste deres vennlige holdning og ønsket presidenten fra Sør Korea velkommen med en veldig detaljert plan.

Gud fortalte meg at rett etter at Kim Jong-il sa hade til president Kim Daejoong fra nord statene, gikk han inn til et hemmelig rom for å ha en hemmelig diskusjon vedrørende gjenforening med makt. De analyerte hver person fra sør statene og hvem som ville være mest behjelpelig for nord statene.

Mens folkene i sør, som hadde blitt narret av nord statenes vennlige stilling, drømte om vennlig gjenforening, nord statene laget planer om hvordan de kunne gjenforene landene med makt.

Gud fortalte meg at Kim Jong-Il hadde kapret sjelene til folkene i sørstatene gjennom de korte periodene hvor han ønsket president Kim Daejoong velkommen. Helt til da hadde menneskene i sørstatene hatt et negativt bilde av Kim Jong-il. Men gjennom dette møte, ble det forandret til et positivt bilde. Det vil si at Kim Jong-il ble suksessfull i hans planer om å kapre sjelene til folkene i sør bare for å utfylle hans mål.

Gud fortalte meg også at den såkalte 'Solskinns Politikken' ville ikke ha gode resultater. Når nord mottar hjelp, vil de samarbeide, men det ville bare vare et øyeblikk. De var vennlige på utsiden, men på innsiden var de fullstendig forskjellige. Dette ordet ble i virkeligheten sant. Nord har gjort istand atomvåpen etter deres egne planer.

Rett etter at jeg hadde åpnet denne kirken, lot Gud meg vite at Nord Korea ville åpnes en dag. Og denne dagen er kommet nærmere i virkeligheten gjennom presset fra Amerika og andre land. På denne tiden har vi noen prester og legmennsmedlemmer som forbereder misjonærarbeid i Nord Korea.

Men tidens varighet mens Nord Korea vil være åpen vil være kortvarig. De vil føle at deres system er truet, og de vil lukke dørene igjen. Før de stenger, vil de advare alle utlendingene til å forlate landet. Mange misjonærer vil derfor forlate nord, men noen vil bli igjen til slutten for å forkynne evangeliet, og til slutt vil de bli martyrer.

Idet vannet dekker havet

Begynnelsen av Utenlandske Misjoner i Full Målestokk

Siden kirken først åpnet dens dører i juli 1982 på et lite sted rundt 70 kvadratmeter, har jeg bedt med flere kirkemedlemmer for verdens misjonen og oppførelsen av det Store Sanktuarium, som var synet som Gud hadde gitt.

Sytten år senere, mens vi sto ansikt til ansikt med det nye millenium og i Guds forsyn, begynte verdens misjonen i full skala.

I Apostlenes gjerninger, kan vi se den store vekkelsen i Jerusalem på tiden av den tidligere kirken. Ettersom forfølgelse av kirken ble voldsommere, ble de troende spredd overalt.

Gjennom forfølgelsene, troen til de troende ble sterkere og det var begynnelsen av spredningen av kristendommen gjennom verdenen. Selv om djevelen er forstyrrende, Guds vilje og forsyn vil virkelig bli fullført.

Helt fra begynnelsen, var vår kirke fylt med den Hellige Ånd. Det ble åpenbart mange tegn og under, og kirken vokste veldig fort. Selvfølgelig prøvde djevelen å ødelegge kirken.

Etter hver prøve, overvant vi den med troen og kjærligheten og Gud ga oss mere og mere makt. Ved å begynne med Uganda i juli 2000, var vi i stand til å begynne verdensmisjonen i full skala.

Uganda, Begynnelsespunktet for Verdensmisjonen

Selv om Uganda heter "Afrikas Perle," trenger Uganda desperat Guds nåde. Det var fare for fattigdom, sykdommer og borgerkriger. Statistisk sett var 30% av hele befolkningen HIV positiv, og det ble spredd veldig hurtig.

De kristelige i Uganda var også advart på grunn av verdenstrenden om veksten av Islam.

Mens jeg pratet ved den Ugandiske Forente Kampanjen, kunne jeg se hvorfor Gud sendte meg til det landet.

På flyet ifra London til Nairobi, var det en rund regnbue utenfor vinduet. Det var en fantastisk regnbue. Flyets utforming var innenfor den runde regnbuen. Fra da av, når vi dro til andre land for misjonær arbeide, oppsto det en regnbue. Det har vært tredobble runde regnbuer, rette regnbuer, og mange andre regnbuer som har vist seg.

4. juli, 2000, ankom jeg med min misjonsdelegasjon i Uganda. Forskjellige politiske og religiøse ledere kom til flyplassen for å motta oss, inkludert presidentens religionsekretær, Kampalas borgermester, og Mr. Jehoah Nkangi, Ugandas justisminister. Lokalbefolkningen i deres tradisjonelle kjoler, ønsket oss

velkomne med deres entusiastiske danser og hurrarop.

På veien fra flyplassen til hotellet, vinket mange mennesker til oss. Jeg kunne også se mange veggplakater angående kampanjen. Kampanjen var sendt på TV flere ganger, og den lokale pressen var også veldig interesert.

Vi hadde en pressekonferanse i Nile Hotellet, Kampala, og mange pressemedlemmer samlet seg, blant annet CTV. Jeg lovte dem at de blinde ville få se, de lamme ville kunne gå, og at det ville bli åpenbart mange miraklende under for å gi ære til Gud.

Men mens kampanjen var offentliggjort, prøvde djevelen og Satan å forstyrre kampanjen. Gjennom noen koreanske misjonærer, var det mange falske rykter som sirklet rundt. De hadde også rørt ved noen medlemmer av pressen for å få dem til å stoppe kampanjen.

Men afrikanernes sanne tro på Gud reagerte på en helt annen måte enn hva de koreanske misjonærene hadde forventet. Deres arbeide hadde med hensikt å forstyrre kampanjen, men den forårsaket til at kampanjen fikk bare mere reklame og ble bedre kjent. Ikke bare regjeringsmedlemmer, men også mange pressefolk hadde fått stor interesse i kampanjen.

Kirkeledernes Konferanse

På den 5. og 6. juli, ble Kirkeledernes Konferanse holdt i Kampalas Internasjonale forsamlingslokalet. Ikke bare prester fra Uganda kom, men også fra Kenya og Tanzania. Det var fylt med den brennende iver av tusenvis av prester. Til og med midtgangene var fulle.

Jeg leverte et budskapet med tittelen, 'Hellighet til Gud'. De var veldig oppmerksomme, og når Guds tegn og undere ble introdusert i midten av budskapet, ga de ære til Gud med jubel og applaus. De jublet som om de selv hadde erfart Guds under.

Når de hører om Guds under, er det mange mennesker i Korea som gir merkelige blikk når undrene blir nevnt, og de prøver å fordømme, forstyrre og forårsake splittelse angående de tingene. I Uganda var det veldig forskjellige fra Korea. De hadde sanne hjerter for å tro på Guds ord akkurat som det var.

Den Forente Kampanjen Avslørte enorme Helbredende Under.

Fra og med dagen etter og for de neste tre dagene, var den Forente Kampanjen holdt i Nakivubo Stadion. På kampanjens første dag kom det rundt 70,000 mennesker. Det begynte med bekjentgjørelse av Biskop Grivas Musisi, og jeg ga et budskap om Gud, Skaperen.

Budskapet ble oversatt til engelsk og det lokale språket i Uganda, så den virkelige tiden til den originelle preken var bare omkring 20 minutter.

Etter budskapet, ba jeg for de syke i bare 5 minutter. Selv om den var kort, inntraff det flere helbredende under helt fra den første dagen. Jeg kunne se en kvinne som lå ned nedenfor podiet. Hun kunne ikke røre seg.

Noen mennesker som virket som om de var hennes familiemedlemmer ristet henne, men hun forble stille som et lik. Men etter at bønnene var over, sto hun opp og spaserte opp til podiet. Når folk så dette, ble de veldig opprørte.

En pike som hadde forbrenninger på hennes ben og som ikke kunne gå, begynte å gå. En person som hadde et ben som var

kortere enn det andre, kunne nå spasere normalt igjen. I tillegg
til disse tingene, var det så mange mennesker som fortet seg opp
til podiet for å gi deres vitne om at de hadde blitt helbredet av
AIDS, hadde fått helbredelse fra deres hudsykdommer, og mange
andre mirakler fra Gud som hadde skjedd.

På den andre og tredje dagen, selv sterkere arbeid fra Gud ble
åpenbart. Når folk kastet deres krykker og stokker og kom opp til
forgrunnen, ropte folk med deres unike måte å juble på. Lysene
fra fotografenes lyspærer og andre pressemedlemmer fortsatte å
lyse, og tonefallet til en journalist som var på stedet ble høyere på
grunn av hans begeistring.

En person som hadde stolt på krykkene i 14 år, kastet dem
vekk. De blinde ble seende. Det var en mann som ikke kunne
gå på grunn av kreft, men han spaserte. En seks år gammel gutt
hadde ikke kunnet snakke eller gå, men han kunne nå både
snakke og gå.

Rapportert på CNN

Med deres helbredende uttalelser, applauser, jubler, var
stadion en smeltedigel av sterke følelser og folks begeistring.
Noen av dem viftet deres lommetørkler, og noen andre danset og
løftet opp deres stoler.

Kampanjen var sendt direkte ut av Ugandas nasjonale TV
og også WBS. Nyhetene om kampanjen var rapportert hver dag
på 4 kanaler og også på forskjellige radio stasjoner. Til og med
CNN og et kringkastingsfirma fra Storbritania samlet nyheter
på stedet og kringkastet det.

Rapportert av CNN

"Dr. Jaerock Lee beviste at han var en av Guds tjenere ved å vise Jesus Kristus tegn og undere gjennom Guds makt. De er tegn og undere som bare kan komme fra Gud..."

Til og med etter at kampanjen var over, fortsatte CNN å rapportere om Guds makt tre ganger. Gud planla det slik at Guds arbeide ville bli kjent fra andre land først. Mens de som var helbredet vitnet til deres helbredelser, fikk andre tro ved å se Guds arbeide. De brakte veldig mange lommetørkler til å motta bønner på.

Det var en haug med brev og bede titler og bilder. Jeg hadde ikke tid til å be for hver og en av dem, så jeg bare ba om dem som

en hel gruppe. I tillegg var det andre mennesker som brakte en annen haug som de ville motta bønn på.

Kirkelederne i Uganda hørte på de ekte og levende budskapene og vitnet til unektelige under fra Guds makt. De tilsto at de hadde fått ny tro og at de hadde blitt styrket.

Etter kampanjen, var det noen prester som kom til meg og la seg ned på knærne og angret på at de hadde arbeidet for å forstyrre Kampanjen. Jeg hørte at kampanjeorganisasjonen hadde også fått mange telefoner vedrørende slik angring. Siden de ikke hadde forstått at jeg var Guds tjener og at de hadde grepet inn, ville de gjerne vite hva de kunne gjøre nå for å gjøre det riktig igjen.

Å Akseptere Undere fra Guds Makt

En 22 årig søster som var muslim og som ikke kunne gå på grunn av lammelse av den nederste kroppsdelen var helbredet under kampanjen. Noen islamske ledere utstedet en munnkurv med å forby noen som helst å prate om denne piken eller om hennes helbredelse under kampanjen. Men jeg hørte at hun hadde sagt, "Jeg deltok i kampanjen og mottok helbredelse, og jeg må derfor prate om det."

Ugandierne hadde fattige hjerter, og de aksepterte hellighets evangeliet og underne fra Guds makt med rene hjerter. Hvorvidt de troende var prester eller legmenn, hvis noen var helbredet rundt dem, ble de glade og jublet akkurat som om det var dem som hadde blitt helbredet. Selv etter at kampanjen var over, oppløste folkemengden seg ikke på lang tid. Jeg var rørt av deres rene og gode hjerter.

En person så noe med åndelig øyne. Hun tilsto at hun så flammende hester og vogner rundt kampanje plassen (2. Kongebok 6:17). Gud drev vekk arbeidet til djevelen gjennom dette. 'Flammende hester og vogner' menes at den himmelske hær var til stede.

Etter kampanjen, når jeg ba for folkene i Uganda, lot Gud meg vite at selv om de kunne synge lovprisning med alle deres hjerter, visste de ikke mye om Guds ord.

"Menneskene i dette landet synger lovprisning med hele deres hjerte for å gi ære til Gud. De kjenner til Gud midt i

lovprisningen, men de kjenner ikke til Gud midt i budskapet. Men denne gangen, lot du dem vite ganske klart og tydelig om Gud i midten av budskapet."

Guds ord og undrene til Guds makt som er åpenbart i denne kampanjen var kjent overalt gjennom de forskjellige media og kringkastinger. Kirkene i Uganda ble forenet og styrket på grunn av dette.

Ti Døvestumme Ble Helbredet i Nagoya Marsjen

Etter Uganda Marsjen, ledsaget Gud oss til å ha en kampanje i Japan. Japan har veldig mange idoler og den kristelige befolkningen er ikke engang 1%.

Det var noen Japanske prester som ble rørt og som hadde hatt deres hjerter rørt i den Koreanske-Japanske Forente Kampanje som ble holdt i vår kirke i 1992. De ville opprette et kontinuerlig vennskap og misjonær støtte. Vi sendte vår første misjonær til Japan i 1994 og opprettet en kirke avdeling. Dette var begynnelsen til vår misjon i Japan.

Kampanjen var satt til å begynne 14. september, 2000, men fra den 11., begynte det å regne tungt på grunn av innflytelse fra en tyfon. Nyhetsrapportene viste at byen Nagoya var oversvømmet. De sa at tyfonen ville komme mot Korea.

Mer enn 30,000 hjem ble oversvømmet i Japan. Byen Nagoya utstedte en evakuerings ordre til 17,000 mennesker. Byens virksomhet stoppet helt opp. Det var en advarsel om mye regn i

Nagoya i den uken som kampanjen var planlagt.

Men 13. September, når vi ankom Japan, stoppet regnet og vannet i byen rant vekk. Vi kunne holde kampanjen som planlagt fra 14. til 15. september, i et klart høst vær. Vår kirkes Nissi Orkester utførte en veldig god kristelig kultur konsert for dem.

En spesiell ting med denne kampanjen var at det var 13 døvestumme som deltok i denne kampanjen. Vi hadde tegnspråk for dem, og de var veldig oppmerksomme etter å lære budskapet.

Gjennom bønnene den andre dagen, 10 av dem ble helbredet med en gang med Guds barmhjertighet. Det var så rørende å se dem juble og gi deres vitneutsagn om at de kunne høre.

Nishio Shenbiro kunne ikke stoppe hennes glede fra å flyte over, da hun sa at hun ikke hadde kunnet høre i det hele tatt siden hun ble født, og for to år før kampanjen hadde hun hatt ringing i ørene hennes, men det var også blitt borte, og sakte men sikkert hadde hun begynt å høre.

Jeg Dro Til Pakistan med Martyrdødens Ånd

I Pakistan er 97% av befolkningen muslimer. Grunnlovsmessig har de religiøs frihet, men de kristne var stilt overfor mange slags ulemper.

De kan lide av voldshandlinger og til tider blir de også drept, men de er ute av stand til å forlange deres rettigheter. Siden det har vært bombing mellom de forskjellige muslimske gruppene, hvilken sjanse ville så en kristen ha?

Jeg måtte faktisk bli klar for martyrdød. Når jeg ba for denne kampanjen, sa Gud, *"Det vil komme mange forstyrrende arbeid helt opp til den dagen som kampanjen er holdt. Men jeg vil få en høy tjenestemann til å hjelpe deg, så vær ikke engstelig. Kampanjen vil bli holdt uten noen ulykker eller uhell, og du vil lovprise Meg høyt."*

16. oktober, 2000, under flyreisen til Pakistan, kunne jeg klart se en firedobbelt rund regnbue utenfor vinduet.

Jeg forsto at Gud viste meg denne regnbuen med den meningen at Han ville garantere den 4-dagers kampanjen i Pakistan med lysene til Guds makt på fire nivåer. Prestene, de som hadde organisert denne kampanjen og pressefolkene ventet på oss på flyplassen.

Cynthia, datteren av pastor Wilson John Gil, ønsket meg velkommen med en bukett blomster. (Jeg introduserte hennes vitnesbyrd allerede i 3. kapittel). Hun vokste opp til en veldig frisk ung dame.

I byen Lahore, var det mange veggplakater angående kampanjen. Det var også reklamert om den gjennom de forskjellige offentlige mediaene. Veggplakatene ble revet ned her og der av Muslimene, og det var til og med trussel om bombing.

18. oktober forberedte arrangørene en velkomst bankett i Avari Hotel International. Mange høye tjenestemann kom, inkluding S.K. Tressler, kulturministeren, sportsminister, ungdomsministeren, og turistministeren; justisministeren for staten Punjab; og den tidligere overdommeren i Høyesteretten.

Før festmiddagen, skjedde det noe utrolig. Mr. Abdula, den høyeste av de islamiske lederne i staten Punjab, ankom i en rullestol for å motta bønner for hans ben.

Muslimer har ikke lov til å ha kontakt med kristne. Så for en muslimsk leder å komme til meg for å motta bønner, må det ha vært en stor avgjørelse fra hans side. Mens jeg ba for denne muslimske lederen, ble jeg klar over at det var et tegn om at Jesus Kristus hadde allerede vunnet den åndelige kampen i denne kampanjen.

På grunn av at det var et islamisk land, uten støtte fra den pakistanske regjeringen ville det ha blitt vanskelig å holde en kampanje. Gud hadde forberedt mange hjelpende hender på forhånd.

De Solide Lukkede Portene

Klokken var 9:00. 19. oktober, første dagen for prestenes konferanse. Den morgenen hørte jeg at konferansen hadde plutselig blitt avlyst. Jernbanestasjon og konferansestedet hadde også blitt stengt. Vi hadde egentlig allerede fått tak i alle de nødvendige tillatelsene som vi trengte fra regjeringen.

Når vi ankom stedet til kampanjen, stoppet bevæpnete politimenn oss. Når personalet forlangte at de åpnet portene, lot de bare min bil og følge bak meg komme inn. Porten ble lukket igjen. Politimenn som var bevæpnet med rifler og håndgranater stoppet bussene for å kjøre inn til stadioen.

På grunn av presset fra muslimene på statsregjeringen, avlyste regjeringen møtet av sikkerhets grunner. På stadion var det noen lokale prester som hadde ankommet før portene ble stengt. De lovpriste og ba.

Ettersom tiden gikk, ble politioffiserene tøffere på folkene. Det var folk som hadde reist i mer enn 10 til 20 timer fra fjerntliggende steder for å komme hit, men de kunne ikke engang komme i nærheten av stadion. Jeg kunne høre lyden av bønner og lovprisning fra folkene langt utenfor portene.

Jeg bare stolte på Gud og ba, og svaret jeg fikk var, *"Ingen kan forstyrre denne kampanjen. Portene vil åpne ved middagstider."* Jeg fortalte folk, "Ikke engst dere, for konferansen vil begynne rundt middagstider."

Det var faktisk fremdeles bevæpnede politistyrker der og ingen synlig forandring i situasjonen. Men personalet som var med meg erkjennet også med troen at konferansen skulle starte ved middagstider.

En Hjelpende Hånd Tilrettelagt av Gud

Og akkurat som vi hadde erkjent i troen, ble portene i stadionen åpnet klokken 12:00 på formiddagen.

Mange mennesker kom inn til stadionen med verdighet og med deres hender i luften. De liknet generaler som hadde kommet tilbake fra krigen med stor seier. Presten S.K. Tressler hørte om at konferansen hadde blitt avlyst. Han ringte til statsregjeringens embetsmenn og ba om å få konferansen godtatt og kom så i alll hast dit selv for å delta.

Han var ved å dra til Islamabad og hørte denne nyheten og utsatte hans program for å komme hit. De som ventet på utsiden av byen, som hadde ventet og bedt for at konferansen skulle begynne, kom også jublende.

Presten S.K. Tressler ga gratulasjonsbudskapet til prestenes konferanse. For den to-dagers konferansen, snakket jeg om kirkens hemmelige utvikling og 'Korsets Budskap'. Når jeg ba for de som var syke, ble en pike satt fri fra djevelbesettelse. En svulst som hadde vært i en persons kropp i 14 år fosvant. Noen som ikke før kunne høre, kunne nå plutselig høre. Det var mange vitnemål om å bli satt fri fra smertenes lenker. Denne nyheten spredde seg fort gjennom den nasjonale TV og andre kringkastinger, gjennom pressen, og muntlig fra person til person.

En Gruppe Samlet Seg Utenfor Kampanjeplassen

Klokken 19:00 den 20. oktober, begynte kampanjen på Burt Instituttet. Siden prestenes konferanse hadde vært vellykket, fortsatte det å komme flere mennesker inn til området. I tre dager, kom det mere enn 100,000 mennesker hver dag.

Mennesker kom fra hele landet reisende med tog og busser. Kampanjeplassen var allerede full av mennesker og det var ikke mere plass. De som ikke kunne komme inn, måtte høre på budskapet utenfor gjennom kraftige høytalere. Jeg hørte også at mange mennesker måtte dra tilbake fordi de ikke kunne komme nærme nok til å høre noe.

Flere mennesker kom den andre og tredje dagen, og det var til og med fullpakket utenfor kampanjeplassen. Holdningen til politiet som prøvde å stoppe vårt møte den første dagen ble helt forandret, og de hjalp oss med å holde arrangementet sikkert helt til slutten.

Høyt bevæpnede politigrupper beskyttet podiet og vårt personale hele dagen. De hadde mange sikkerhetslinjer rundt kampanjeplassen for å beholde fullstendig sikkerhet.

Mange høye embetsmenn og kirkeledere var tilstede på kampanjen, og rikskanalenes TV stasjoner og annen presse var entusiastisk om å holde referater. Denne kampanjenyheten ble hurtig spredd til andre Midtøsten og islamiske land.

Jeg ga et budskap om hvorfor Jesus er vår Frelser. Jeg la også trykk på at alle sykdommer kunne bli helbredet og problemene løst, og de kunne nyte evig liv i himmelen bare hvis vi ba i Jesus Kristus navn. De fremmøtte hørte på budskapet veldig oppmerksomt. Det var oversatt til både engelsk og urdu.

Pakistans Forente Kampanje

Flere titusener av muslimer deltok også i denne kampanjen. Arrangørene fortalte meg at 50-60% a de fremmøtte var muslimer. På et tidspunkt spurte jeg forsamlingen om å reise deres hender hvis de nå trodde på Jesus Kristus. De fleste reiste hendene deres. Det var slikt et lykkelig og rørende øyeblikk.

I løpet av den tre dagers kampanjen, etter budskapet, ba jeg for alle de syke som en gruppe. Jeg ba med all min energi for å få bare en ekstra person til å motta himmelsk helbredelse. Gjennom bønnene, viste Gud heftig arbeide fra den Hellige Ånd.

Da bønnen var avsluttet, kom mange mennesker som hadde erfart himmelsk helbredelse opp til podiet for å gi deres vitner. Podiet var øyeblikkelig fylt med mennesker. Manfoldige mennesker fikk erfaring med Guds helbredende under i denne kampanjen.

Forskjellige endemiske sykdommer ble helbredet og djeveler forsvant. De som ikke kunne se, kom til å se, og de som ikke kunne høre, kom til å høre. En søster som ikke hadde kunnet gå siden hun ble født på grunn av spedbarnsparalyse, begynte å gå, og en av hennes ben som hadde vært kortere enn det andre benet, ble nå 5 cm lengre.

Denne misjonærkampanjen var mulig på grunn av støtte fra våre kirkemedlemmer gjennom deres fasting, bønner, og misjonær ofringer. Mange mennesker hadde gitt deres 'to kobbermynter' for troen som misjonær ofringer. Gud, la meg vite at disse menneskene vil motta frelse på jorden og flotte belønninger, gull og juveler i det himmelske rike.

Gud var veldig tilfreds med denne kampanjen i Pakistan, og på grunn av dette, fortalte Han meg at Han ville omringe vår kirke og alle dens avdelinger rundt om i verden, med skapelsenes lys som begynte rett etter kampanjen.

Han lot meg også vite at Han ga et brennende sverd i gave. Når lysets skapelse driver vekk alt mørket, vil det brennende sverdet dele seg og brekke. Han forklarte det slik at gjennom dette, ville Han garantere mitt ord, for eksempel, hvis jeg befalte at ben skulle repareres, ville de komme sammen og bli fikset. Han lot oss også vite at det ville skje arbeide vedrørende skapelse.

Makten til Gud som Vekket Opp de Døde

6. mai, 2001, en klar rund regnbue oppsto over kirken rundt solen under søndagsskolegudstjenesten. Det var tegnet som viste at Gud var med oss for den 9. 2-Uker Lange Vekkelsesmøte som begynte dagen etterpå.

Gjennom hele vekkelsesmøte, oppsto runde regnbuer og til og med rette regnbuer mange ganger over kirken. I denne vekkelsen var det også mange helbredende under. For eksempel ble kreft som hadde spredd seg til mavebukhinnen og leukemi helbredet.

Yamazaki Hiromi, fra Japan, hadde en krokete rygg som hadde vært bent 90 grader i rundt 10 år før vekkelsesmøte. Hun var med på møtene på internettet i Japan den første uken. Når hun mottok bønnene for de syke, ble hennes rygg nesten normal og litt etter litt gikk smertene vekk.

Hun var så overrasket, og hun kom til Korea for å være med på resten av vekkelsesmøtet. 17. mai, når hun mottok bønnen, kom den sterke ilden fra den Hellige Ånd over henne. Hun ble svett over hele hennes kropp og hennes rygg ble helt rett.

Ueda Hideo, som også kom fra Japan, led av både sukkersyke, hepatitt, og alkoholisme. Han besøkte vekkelsesmøte bare på grunn av at andre mennesker hadde fått han til det. Når han mottok bønnene, følte han det som om søppel ble strøket fra hans hode, og han kunne nå spasere alene med den nye styrken som han hadde mottatt.

Hele Kroppen Stivnet og var Kald

Jaeho Lee var en sogneprest i vår kirke. 8. mai skjedde det noe med ham. Hans familiemedlemmer forklarte meg situasjonen. Han hadde plutselig begynt å kaste opp tidlig på morgenen. Innen klokken to på formiddagen hadde han ikke lenger kontrol over kroppen sin.

Han fortsatte med å miste væske fra kroppen gjennom magesyke og ved å kaste opp, og rundt klokken 17:00 mistet han bevistheten. Idet kroppsvæsken fort forsvant, ble hans hud rynket. Til og med hans anus hadde åpnet seg og hvit væske med bobler begynte å komme ut fra hans kropp. Medisinsk sett betyr dette at han var stort sett død.

På den tiden hadde han vært en veldig frisk mann, men dette skjedde i løpet av bare noen få timer. Hans familiemedlemmer brakte ham til kirken samtidig som kveldens vekkelsessmøte foregikk. De var redde for at hvis jeg hadde visst om dette, ville det ha påvirket kveldsmøte. Så de ventet til at kveldsmøte var over til å fortelle meg.

Ved den tiden hadde presten Lee fått lammelse over hele kroppen. Det hadde vært en rekke krampeanfall av musklene og så hadde han bare blitt helt bevistløs.

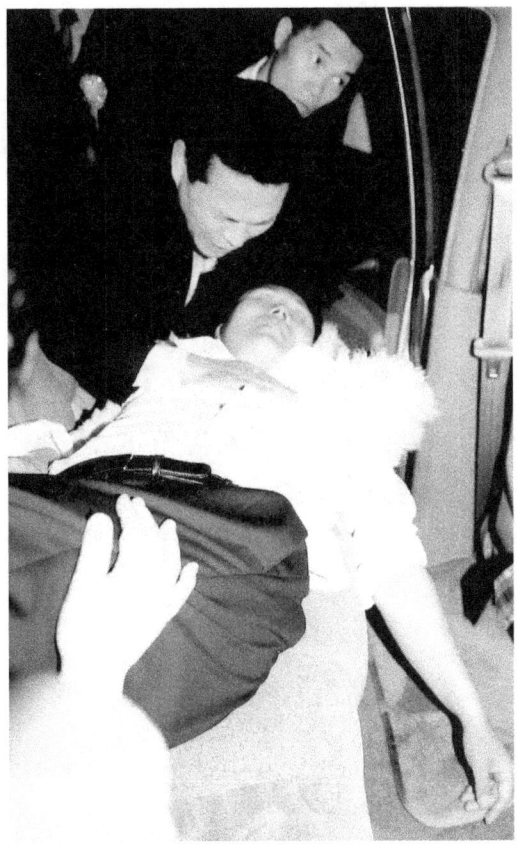

Prest Lazarus Jaeho Lee mottar bønn mens han er bevistløs

Rundt 23:00 hørte jeg nyhetene og fortet meg ut. Prest Jaeho Lee lå i bilen dødsens stille. Hans pupiller hadde utvidet seg, og hans kropp var fullstendig kald og stiv. Men hans familiemedlemmer hadde troen om at han kunne bli gjenopplivet hvis jeg bare la mine hender på ham.

Han tjener som en misjonær i Latin Amerika (Byen Cuzco Konferansesal, Peru)

Når jeg ba til Gud med troen på Han som til og med gjenoppliver de døde, svarte Gud meg med det samme. Med en gang jeg avsluttet min bønn, løsnet hans kropp opp og han gjenvant bevistheten. 5 minutter til og han kunne stå opp alene. Prest Jaeho Lee forandret hans navn til 'Lazarus' Lee og sier at han nå lever et bonus liv. Idag tjener han Gud i Latin Amerika som en misjonær.

Forelesning om Den Første Mosebok og Undere

Gud fortalte meg om første Mosebok. Jeg begynte på min første Mosebok serie 1. desember, 2000. Det var på fredagens nattgudstjeneste. Serien varte i seks år. På grunn av at Gud er den som skapte alle tingene i universet, kan Han også fortelle om alt, selv om de tingene som oppsto før tidens begynnelse.

Selv idag med all slags sofistikerte og utviklede vitenskap og kunnskaper, kan ingen forstå tingene omkring tiden før tidens begynnelse. Vi kan forstå dette kun når Gud forklarer det til oss.

Så hvordan kan vi tro på denne forklaringen? Gud begynte å fortelle oss om den Første Moseboken etter at Han hadde begynt å vise oss mange prektige under akkurat som de som er skrevet ned i Bibelen i kirken vår.

Jesus sa, *"Med mindre dere ser tegn og under, vil dere simpelthen ikke tro"* (Johannes 4:48). Akkurat som Han sa, til og med idag med bevisene, har ikke mennesker en virkelig tro, og det er derfor vi virkelig trenger underene til den levende Gud.

På 5. april, 2001, var det en liten gruppeleder konferanse som ble holdt av Kvinnenes Misjon i kirken vår. Det var et spesielt program i konferansen, og det var kalt 'Betrakt Skyene'. De planla det fra januar samme året.

Fordi Gud hadde vist oss mange undere om stjernene og stjerneskudd, planla de å se på skyene på den tiden. Jeg ba for denne episoden.

"Gud, det vil komme en begivenhet om å betrakte skyene i konferansen, så vær så snill og vis oss et under."

Guds svar var, *"Jeg vil vise deg et panorama med forskjellige skyer."*

Jeg mottok svaret på min bønn, og jeg meddelte det til medlemmene i forveien under fredagens nattgudstjeneste 30. mars, og i søndagsgudstjenesten.

"Gud vil vise oss et panorama med forskjellige slags skyer når vi har en begivenhet hvor vi kan sitte og se på skyene."

På grunn av at begivenheten var planlagt så mange måneder på forhånd, kunne vi faktisk aldri ha visst hvordan været ville være på selve dagen. Vi kunne ikke ha visst om himmelen ville bli full av mørke skyer eller regn. Men jeg angret med mine lepper og ba for det høyt og tydelig på grunn av at Gud allerede hadde svart meg.

Helt fra klokken åtte den morgenen, var det en veldig klar sirkelformet regnbue på himmelen. På morgenen, hadde vi konferansen i gymsalen. Begivenheten var planlagt for klokken 15:00 samme dagen. Stedet var fylt med tusenvis av troende som kom fra hele landet. Når jeg kom ut til område med forventninger om hva som kunne skje, kunne jeg se en veldig klar himmel uten noen skyer.

Begivenheten begynte da jeg ba til skyene. Vi hadde åpningsseremonien og de troende marsjerte rundt på bakken. Akkurat da begynte det å komme skyer som lignet på sauer flommende ut fra solen og sakte begynte de å dekke himmelen. De beveget seg fra vest til øst.

Det er ikke det at skyene som allerede var i himmelen beveget seg, men at porten i himmelen åpnet seg og skyer kom ut. Det var skyene som var formert som sauer og som dekket himmelen og som så forsvant, og det var skyer i en 'V' form, som er et symbol på seier. Og også skyer utformet som profeter formerte seg og forsvant igjen.

Og da tykke skyer kom ut i himmelen og dekket solen, så solen ut akkurat som månen. Det ble snart mørkt som om det skulle ha vært sent på kvelden. Gud viste oss hvordan Han førte de israelske folkene under den 2. Mosebok i villmarken.

Gjennom disse undrene som beveget himmelforholdene, lot Gud oss forstå om 'vinduet' eller 'porten' til himmelåpningen. Det var slikt et vakkert panorama av skyer som ble laget av Gud for en og en halv times tid. Det var bare så helt fantastisk.

Lommetørklemarsjen i Indonesia

I 2001 fra 19. til 29. april sendte vi en hjelpeprest og en misjonsgruppe for å føre en lommetørkle kampanje i fire byer i staten Iryanjaya, Indonesia.

"Og de dro ut og forkynte ordet overalt, og Herren virket med og stadfestet ordet med de tegn som fulgte med" (Markus 16:20).

Misjonsgruppen holdt kampanjer og brukte lommetørkle som jeg ba på. Hver gang folk spør meg om å be på lommetørklene, ber jeg, "Fyll dette lommetørkle med makten av skapelsen, slik at når de ber med troen, den døende og til og med de som er døde kan bli gjenopplivet." Når de ber med troen og med disse lommetørklene, skjedde det store under fra den Hellige Ånd.

Gud viste dem glødende arbeid fra den Hellige Ånd i hvert møte. Når misjonsgruppen preket om budskapet og ba med

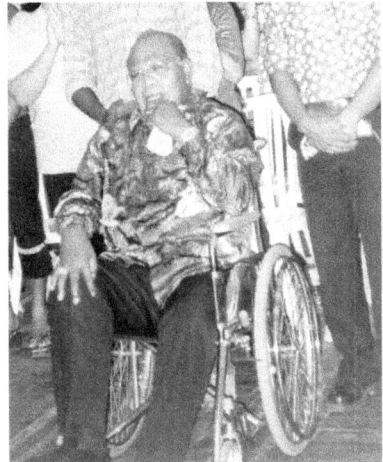

Jacob Patipi sto opp ifra hans rullestol og spaserte på grunn av lommetørkle bønner

lommetørklene, forsvant de onde åndene. Barn som ikke kunne gå fra fødselen av, kunne plutselig gå, og de som ikke hadde kunnet hørt kunne plutselig høre. Det skjedde mange under. Lokalpressen var også veldig oppmerksom. En lokal kringkaster inviterte til og med vår misjonsgruppe til deres direktesendte program.

Stats Guvernøren Stod Opp Fra Hans Rullestol

Forhenværende stats governør fra Iryanjaya, Indonesia, Mr. Jacob Patipi var 65 år på den tiden. I 1996, hadde han et slag på grunn av høyt blodtrykk og falt og ble delvis lammet. Han deltok i kampanjen i en rullestol. Han kunne nesten ikke gå, selv med hjelp av fire andre mennesker. Han kunne heller hverken prate eller høre godt.

Men når vår assisterende prest ba for han mens han la på lommetørkle på ham, sto han opp fra rullestolen og begynte å gå. Han kunne også høre og snakke. Etter at kampanjen var over, mottok vi et brev med takknemlighet fra staten Iryanjaya som sa at Mr. Jacob Patipi kunne nå leve et normalt liv.

Den Hellige Ånds Arbeide Rystet Uhuru Parken

I juni 2001, holdt vi en kampanje i Kenya, inngangsbyen til øst Afrika. Makten til skapelsen som var gitt på kampanjen i Pakistan var også åpenbart i denne kampanjen. Før kampanjen ble holdt, hadde vi en prestekonferanse på Kenyatta Internasjonale Konferansesenter i Nairobi.

Jeg fortalte om Gud som hadde eksistert siden før tidens begynnelse. Jeg forklarte dem også om opprøret til Lucifer, Edens Have, og angående den åndelige virkeligheten. Deltakerne var veldig oppmerksomme med deres begjær etter livets ord. Noen av dem til og med hoppet over lunsj for å beholde deres stoler.

Dagen etter var det 8,000 deltakere. Det var 2,000 flere mennesker enn den først dagen. Det var på grunn av at det var prester som ikke samarbeidet i begynnelsen etter at de hadde hørt noen falske rykter, men mange av dem kom til slutt til konferansen dagen etterpå. Det var noen koreanske misjonærer

Kenya Forente Kampanje (Uhuri Park)

der som hadde laget falske dokumenter og gitt dem til kirkene og pressen for å prøve å stoppe kampanjen.

Den store Kampanjen ble holdt fra 29. juni til 1. juli i Uhuru parken. Podiummet var vendt rett mot solen. Det var ikke lett å gi budskapet når en måtte stå vendt direkte mot solen.

Gud viste sitt arbeide der også. Når jeg gikk opp til prekestolen for å tale om budskapet, var det mange skyer som begynte å flytte på seg, og de dekket solen. Da skyene dekket solen, kunne jeg tale om budskapet igjen uten vanskeligheter.

Folk var overrasket etter at de hadde sett dette i tre sammenhengende dager. Til og med den lokale sjåføren som kjørte min bil sa også at han var veldig overrasket over hva han

så.

Fra kampanjens første dag, var podiummet fylt med mennesker som ville gi deres vitner om helbredelser gjennom bønnene. Uhuru Parken var fylt med mere enn hundretusen mennesker hver dag.

Det var et barn med et ben som var kortere enn det andre og som ikke kunne gå veldig godt. Dette barnet var helbredet og begynte å hoppe. Mange mennesker var helbredet av AIDS og forskjellige andre sykdommer. Når jeg så hvor glade de var, ble jeg også lykkelig og følte meg belønnet.

Dagen etter hadde vi et lunsj møte med de lokale organisasjonskomite medlemmene. Mange biskoper var

En lam kvinne begynte å spasere

overrasket over utslaget av Guds makt og spurte meg hvordan de kunne motta slik makt fra Gud.

Det var mangfoldige kommentarer som denne:

"Det var første gangen jeg hadde sett så mange mennesker bli helbredet på en gang, og det var enda mere utrolig fordi du ikke ba for dem individuelt."

"Jeg følte det som om jeg så scenen fra Bibelen for to tusen år siden."

"Jeg kunne fullt ut forstå Bibelen, men gjennom denne kampanjen, var jeg fullstendig overbevist om at Bibelen var sann."

Alle tjenerne til Gud hadde et ønske om å åpenbare Guds makt akkurat som Jesus hadde bekreftet budskapet ved de kommende undrene. Men det var ikke lett å forklare det på en slik kort tid.

Under flyreisen tilbake til Korea, kunne jeg se runde regnbuer og rette regnbuer utenfor vinduet.

Oppfriskning av Hårets Døde Røtter

I 2001, bror Heehoon Park hadde tykt hår på hodet, men når han kom i 7. klasse begynte han å lide av flintskallethet på grunn av ukjente årsaker. Han mistet håret sitt litt etter hvert, og når han kom i ungdomsskolen, hadde han bare et par hårstrå igjen på hodet. Det så veldig miserabelt ut, selv til han selv, så han barberte like godt hele hans hode.

Doktorene sa at det var et veldig uvanlig tilfelle med sirkelformet hårtap. De sa også at det ikke var på grunn av at røttene av håret var svake, men på grunn av at de var døde. Det fantes ingen helbredelse.

Medisinske behandlinger virket ikke i det hele tatt. Han tok til og med litt urtemedisiner, men det virket heller ikke. Han brukte også mange folkemedisiner og noen andre veldig dyre medisiner, men ingenting virket.

Når han kom til det siste året i ungdomsskolen, begynte han å delta i vår kirke. Han var med på den spesielle 2-Uker lange

Vekkelsesmøte i 1998, og hans hår begynte å vokse igjen. Siden vi hadde det søte vannet i Muan, sprøytet han det på sitt hodet hele tiden.

I 2001, hadde alt håret hans kommet helt tilbake. De døde røttene på håret hadde blitt gjenopplivet med Guds nåde og hans hår ble helt friskt.

Begynnelsen til Skapelsens Høyeste Makt

Filippinene er hovedsakelig en katolsk nasjon, og de fleste mennesker har statuer av Jomfru Maria. Du kan ofte se mennesker spørre Maria om velsignelser. I september 2001, lot Gud skapelsens høyeste makt, det siste nivået til Hans makt, bli åpenbart i den filipinske kampanjen.

Når jeg ba for den filipinske kampanjen, sa Gud at Han ville gi den siste varsel til alle de katolske rundt om i verden gjennom denne kampanjen. Det vil si at Han hadde allerede gitt dem 'oppvekknings signal' før for å advare dem.

Jeg hørte en gang at en statue av Maria blødde fra dens øyne. Men de katolske menneskene forsto ikke selv hvorfor Gud avslørte en slik ting.

Maria, et Redskap for Gud

Jomfru Maria er bare en skapning som alle andre mennesker. Men når Jesus kom til jorden i menneskelig utgave, var det Maria som de hadde brukt for å føde Jesus. Men allikevel kan ikke Maria bli mor til Jesus.

Siden Jesus var skapt av den Hellige Ånd, i Hans befruktning fikk ikke Jesus egget fra Maria eller sædcellen fra Josef. Fordi Han ikke mottok egget fra Maria, kan hun ikke bli Jesus mor. Fordi Jesus ikke mottok sædcellen fra Josef, kan ikke Josef bli Jesus far. Så det er derfor, som vi ser i Bibelen, at Jesus aldri kaller Maria, 'mor'.

"Kvinne, se, det er din sønn" (Johannes 19:26).

Det var skrevet ned av apostelen Johannes når han stod nærme Jesus, som hang på korset. Jesus kalte ikke Maria 'mor' men 'kvinne'. 'Sønn' er her referert til apostelen Johannes.

I Johannes 2:4 sa Jesus til Maria, *"Kvinne, hva har dette med oss å gjøre? Min time har ennå ikke kommet."* Jesus brukte betegnelsen 'kvinne' på grunn av at Han kom hit til jorden som en Frelser.

Jesus, vår Frelser, er en av de treenige gudene og selve Skaperen, så Han kan aldri ha en mor. På grunn av dette, kalte Jesus aldri Maria for 'mor' men henvendte seg til henne som 'kvinne'.

Når de katolske lager statuer av Maria og forguder dem, går det mot de Ti Budene til Gud som sier at vi ikke skal lage noen form for avgudsbilde eller noe annet, eller bøye oss ned eller dyrke det.

Mens Jomfru Maria iakttar fra himmelen at menneskene bare

lager Jesus som et barn ved hennes side, og de forguder henne, et menneske, ville hun ikke kunne bli så sønderknust, at hun ville starte å blø fra hennes øyne?

Tyfoner Utdødde

Filipinene er i tyfon (orkan) sesongen fra juni til oktober, og det regner mange ganger på dagen. Trafikkkork er forårsaket på grunn av mye regn. Vi ankom Manila Internasjonale flyplass omkring klokken 23:00, 24. september, 2001. På grunn av innflytelse av tyfoner, var det sterk vind og litt regn.

Vi hadde en pressekonferanse i hotellet i Manila rett etter at vi hadde ankommet. Journalistene virket som om de var mere interesert i hvilken retning tyfonen skulle gå og ettervirkningen av terroristangrepet 11. september.

"Vi er under innflytelse av en tyfon akkurat nå, og en annen er på vei. Kan du ha en utendørs kampanje? Ville det ikke bli noen problemer på grunn av terrorist angrepet 11. september?"

Jeg informerte dem om at det, "Fra nå av, vil det ikke bli noe regn og tyfonene vil også forsvinne. Fordi Gud er med oss, vil det ikke bli noen krig eller uhell i løpet av denne tiden. Vær snill og ikke bekymre dere."

Jeg ærklærte dette til dem dristig, fordi jeg hadde alltid erfart at Gud skulle være med oss, og vi hadde aldri hatt noe regn for noen utendørsbegivenheter. Det virket ikke som om journalistene trodde på meg. Men Gud fullførte hva som hadde blitt sagt.

I motsetning til værforholdene, forandret en tyfon som hadde vindstyrke av 130 km/t dens kurs og dro ut mot Thailand. En annen tyfon stoppet og ble svakere og svakere som om den hadde møtt en sterk vegg og døde til slutt ut.

En sommer i Filipinene er vanligvis veldig varm, med høy fuktighet. Men, mens vi var der, hadde vi et veldig klart vær med kald bris. De lokale prestene var så glade og sa at bare ved å se værforholdene, kunne de se at Gud var med dem.

Føle Makten til Skapelsens Høyeste Makt

26. September, 2001, hadde vi en prestekonferanse med rundt 5,000 deltakere i et internasjonalt konferansesenter i Manila.

27. september, hadde vi prestekonferansen på morgenen, og den første kampanjen på Luneta Park i Manila på ettermiddagen. Mange mennesker ble helbredet her også.

En av dem var en basketball spiller som hette Gilbert Ondinal. Gilbert var involvert i et stort uhell mens han spilte basketball. Hans benknokkel var brukket og det var forvridd. For at han skulle kunne gå igjen, måtte de sette inn metalstenger ved en operasjon i to av knoklene.

Men han hadde ikke råd til operasjonen. Han led et år med krykker. Men når han mottok bønn ved prestenes konferanse den dagen, ble hele hans kropp glovarm og smertene ble borte.

Etter at konferansen var over, ville Gilbert gå til Luneta Parken til kampanjen, men han rakk ikke bussen. Så han bare spaserte med hans krykker. Da fant han ut at smertene var borte og at han hadde krefter i bena. Han kastet krykkene til side og spaserte mere enn 2 kilometer for å komme til kampanjestedet.

Gud var tilfreds med hans gjerninger med å lengte etter Guds nåde, og lot ham gå med nye krefter.

Senere sjekket Gilbert hans ben på et sykehus og fant ut at de brukne bena hadde blitt fullstendig reparert og at de nå var normale. Han skrev senere til oss og fortalte oss at han kunne nå spille basketball igjen.

I Luneta Parken

Fra det lovprisede og andakts møte på kampanjens første dag, sterke under til den Hellige Ånd fant sted. Noen som kom på bårer stod opp og gikk, og noen av dem vitnet til at de var helbredet det sekundet de ankom på kampanjens sted. Noen av dem ble helbredet mens de hørte på budskapet. Det var en person som hørte lyden av frelse mens han gikk forbi og bestemte seg for å delta i kampanjen. Denne personen hadde ikke sett på 10 år, men hadde nå fått igjen synet.

Jeg gjorde ferdig bønnene for de syke etter budskapet. Plutselig kom noen mennesker nedenfor podiumet bærende på en mann som var stivt som et tre til meg.

Han var som en tømmerstokk. Han hadde hjerteproblemer og falt plutselig ned. Hans kropp var så stiv som en stolpe, og hans pupiller var lik en død person.

Jeg var redd for at hvis han dødde der, at det kanskje ville ha gitt skam på Gud. Jeg gikk hurtig ned og ba i Jesus Kristus navn ved å legge mine hender på ham. Med en gang bønnene var over, gjenvant han bevistheten og satte seg opp.

Gud arbeidet sterkt med Skapelsens Høyeste Makt. Jeg var så takknemlig for Guds nåde ved å vise et så mektig under. Men når jeg kom tilbake til hotellet, begynte jeg å gråte. Jeg hadde stor skam overfor Gud fordi jeg ikke kunne utføre Hans vilje i høyere grad.

Forutsigelser av Verdens Situasjoner

I 1982, like etter åpningen av kirken, lot Gud meg vite at verden ville ha tre hovedmakter: Amerika, et forening mellom Kina og Russland, og EU (den Europeiske Foreningen).

Han fortalte meg også at Amerika ville bli mere og mere isolert og dens makt ville bli svekket. Han forklarte at til og med dens allierte ville en dag snu ryggen til Amerika, motarbeide dem, og følge deres egen vei.

Amerika hadde troen til å ære Gud da den først ble grunnlagt, og Gud velsignet dem til å bli den sterkeste nasjonen i verden. Men idag er det mange mennesker i Amerika som viser en tendens til å unngå Gud.

Gud forklarte at Kina ville gå i allianse med Russland. De ville ha militærøvelser sammen, og bli sterkere og sterkere. Land som før i tiden hadde fulgt Amerika ville nå snu seg mot Kina.

Idag kan vi faktisk se mange land i Latin Amerika og Afrika

Et besøk til Dubai

som har stiftet bedre betingelser med Kina enn med Amerika. Når jeg leverte budskapene om disse tingene, var det lenge før Kina begynte å dukke opp i det internasjonale samvær. Så kirkemedlemmene virket heller forbløffet, og svarte ikke med 'Amen'.

Det var vanskelig for dem å tro, med tanke på omstendighetene akkurat da. Gud lot meg også vite at økonomien i verden ville bli verre; olje prisene ville gå opp, og landene i Midtøsten ville gå sammen og bruke olje som et våpen mot andre land.

I juni 2001, forklarte Gud at verden var nå i en tidsalder med ubegrenset konkurranse. Dette ville si at uansett deres politiske-økonomiske system, om de var en demokratisk eller kommunistisk stat, nasjonene ville enten bli forenet eller snu ryggen til for sin egen fordel.

Før i tiden når nasjoner ble forenet, ville det vare i lang tid, men nå for tiden er det ikke lenger slik. det er på grunn av at verden går mot slutten.

Hvis vi starter med Terroren den 11/9

De fleste kristne ville være interesserte i Herrens annen nedkomst. Når disiplene spurte Jesus om tegnene på verdens ende i Matteus 24. kapittel, ga Jesus dem et svar.

"Dere vil høre om krig og rykter om krig. Se til at du ikke blir redd, for disse tingene må finne sted, men dette er ennå ikke slutten. For nasjonene vil vokse mot hverandre, og kongerike mot kongerike, og på forskjellige steder vil det bli hungersnød og jordskjelv. Men alle disse tingene er bare begynnelsen på fødselssmertene" (Matteus 24:6-8).

Jeg leverte en tale 21. oktober, 2001, med denne tittelen, "Hva Vil Bli Tegnet For Verdens Ende?" Det følgende er tatt ut fra den:

"Som dere vet, på 11. september, skjedde det en stor tragedie som sjokkerte hele verden. Det var et terroristangrep på Amerikas kjerne. Amerika sverget om voldelig gjengjeldelse og en krig begynte. Nå er hele verden fanget i anspentheten.

Dette er en alarm som advarer oss mot begynnelsen til verden ende. Det er også en årsak som senere kan fremkalle den III Verdens Krig, som er lovlig fra Gud. Selv om Gud tillater det, betyr det selvfølgelig ikke at Gud vil være årsak til at krigen blir startet.

Det menes at Gud ikke vil stoppe den, for den skjedde på grunn av menneskenes onskap. Begynne med 11/9 angrepet, forteller Gud oss at det vil bli katastrofer helt til tidens slutt.

På grunn av at Amerika led av denne terrorismen, fikk de sympati fra verden og de allierte lovet mere sammarbeide, men ettersom krigen fortsetter, vil Midtøst landene forene seg, og de europeiske landene vil forene seg mot Amerika. Til slutt vil det bli en krig mellom kristendommen og islam."

"Dette terroristangrepet kan bli ansett som å være årsaken til begynnelsen av den III Verdens Krig. Hungersnød og jordskjelv fant sted hvert år.

Når tusenvis av mennesker dør i en begivenhet, sier vi ikke at det er begynnelsen til ulykken for tidens slutt. Men denne makeløse terrorisme mot Amerika sjokkerte hele verden. Slik en begivenhet kan kalles begynnelsen av ulykker og kalamitter.

Jeg har ingen personlige følelser imot Amerika, og jeg mener ikke å fornærme noen i det hele tatt. Jeg tar det som en stor sorg at noe slikt skjedde. Jeg vil bare forklare situasjonen fra Guds synspunkt, slik at de som en nasjon kan dra nytte av det. Det følgende er hva Gud har forklart meg:

Hvis Gud beskytter dem, kan en slik ting virkelig ikke

skje. I motsetning til nasjonens begynnelse, har Amerika forandret deres tro. Noen kirker til og med prestevier prester som er homofile.

Når slike katastrofer oppstår, hvis de har sannheten i hjerte, burde de først se tilbake på seg selv for å se hvorfor Gud ikke beskyttet dem og lot dem angre på deres synder.

Når Guds straff ble kunngjort til folkene i Nineveh, angret folkene og kongen ved å faste. På samme måte, ved å begynne med presidenten, skulle folkene i Amerika ærbødig ha angret foran Gud. De burde ha søkt om løsninger om å ha fred med alle sammen gjennom tilgivelse og forsoning.

Men ettersom de beholder stoltheten av å være den sterkeste nasjonen på jorden, trodde de at de kunne tilbakebetale hva som hadde skjedd med deres makt. De prøvde å gi alle den samme behandlingen som de selv hadde fått, men dette ga dem bare flere problemer.

Like som Amerika fortsetter med å holde ved deres voldelig gjengjeldelse, faller de mer og mer inn i politiske og økonomiske vanskligheter. Idet økonomien til Amerika stamler litt, så vil resten av verdensøkonomien også få vanskeligheter.

Landene i Midtøsten vil bli forenet med hverandre og stå imot Amerika. De vil holde olje som et våpen til å kontrollere verdensøkonomien. Mange land vil frykte terrorisme og vil bestemme seg for at det ikke lenger er til fordel for dem å arbeide med Amerika. De vil begynne å trekke seg tilbake.”

”Det er mange grunner for krig rundt om i verden.

Bare i Midtøsten er det mange land inkludert Iran, Irak, og Syria som har fiendtlig innstilling mot Amerika. Mange terrorist angrep foregår rundt om i verden.

Det er en grunn til at krigen som vil bli en av årsakene til verdens ende fant sted i Afganistan. Hvis slåssingen hadde startet på et sted hvor det hadde forårsaket stor konflikt over hele Midtøsten, ville det ganske hurtig ha utviklet seg til den III Verdens Krig, og ville derfor ha involvert hele verden.

Men som Jesus sa, disse tingene vil komme, men det er ikke slutten. Det er ikke slutten, men begynnelsen til ulykker og katastrofer som skjer på full skala. Det er også skapelsen av årsaken til den III Verdens Krig, og det var derfor de valgte Afganistan.

Denne slutten er når vi allerede har blitt løftet opp i luften. Og dette er en episode som bringer årsaken til tidens slutt. Denne episoden sådde frø til en krig som vil involvere alle Midtøstlandene."

"Så, hva vil skje med Korea? Når tiden kommer til at vi ikke lenger har noen fordeler med vårt forhold til Amerika, vil vi skifte vår støtte til et annet sted. Fordi det vil bli økonomisk kaos, inkludert ilje sjokk, vil vår økonomi selvfølgelig også ha vanskeligheter.

Men Gud har en plan om å utrette noe gjennom dette landet under de siste dagene, Han vil til en viss grad beskytte oss fra de siste dagenes prøvelser.

Spesielt vil veien bli åpnet gjennom vår kirke. Gud lot oss ha utenlandske kampanjer i Uganda, Pakistan, Kenya, og landene som omringer Midtøsten.

Gud fortalte oss mange ganger at vi ville forstå hvorfor Han lot oss ha kampanjene i de landene. Gud fortalte meg at nyhetene angående min kirke har allerede blitt spredd dypt inn i styrelsen til de islamske landene."

6 Kapittel

Bare Ved Navnet
Jesus Kristus

Selv med Flengede Hender

Før fredagens overnattingsgudstjeneste, begynte våre kirkemedlemmer å komme til huset mitt rundt klokken 15:00 på formiddagen. Jeg begynte å møte med dem klokken 16:00. Selv om det bare var for kort tid, konfererte de med meg og jeg ga dem råd, og jeg ba for dem og håndhilste på dem. Vanligvis er vi ferdige omkring 18:00 på kvelden.

Etter det drar jeg til kirken og jeg begynner et annet møte med kirkemedlemmene. Når gudstjenesten begynner klokken 23:00, føler jeg at min energi blir svakere, men Gud hjelper meg så jeg kan forkynne budskapet med stor kraft.

Til og med søndagene kommer kirkemedlemmene til mitt hus fra tidlig på morgenen. På grunn av den medlidenhet som jeg føler ved at de allerede er der og venter, kommer jeg ut tidlig for å hilse dem velkommen. Møtene begynner før klokken 5:00 på morgenen. Jeg hører på deres problemer og ber for dem. Det varer i omkring 3 timer, og etter det drar jeg til kirken.

Fra fredagens nattgudstjeneste til søndagsgudstjenesten, håndhilser jeg på tusenvis av medlemmer, og mine hender begynner å sprekke, bli revnet, og de begynner til og med å blø. Min hånd er alltid sprukken og revnet hver uke, men jeg har en grunn til å fremdeles fortsette med møtene på denne måten.

Det er Guds nåde at kirkemedlemmene, fra barna til de eldre, elsker deres hyrde og at de vil møte med ham og hilse på ham. Jeg ber for dem og håndhilser på dem slik at de kan få Guds makt og kan motta svarene til deres bønner.

Når jeg ser medlemmene juble etter at de har blitt helbredet fra seriøse sykdommer eller etter at de har mottat svar, og når jeg ser de som har mottat svar på deres problemer bare ved å håndhilse på meg og gir ære til Gud, føler jeg meg belønnet og mottar ny styrke.

Hva ville Jesus gjøre? Jeg ber med all min styrke for alle, og jeg legger min hånd på hvert spedbarn og hvert barn uten å forsømme noen av dem.

Mot Målet

På begynnelsen av året 2002, ga Gud meg et nytt mål. Dette målet var å fullkommengjøre 'Skapelsens Høyeste Makt'. Skapelsens Høyeste Makt er Guds originale makt hvor Han skapte himmelen og jorden med bare Hans ord. For eksempel, ved Hans befaling kunne de blinde se, de døve høre, og de lamme gå.

Akkurat som det ble skrevet ned i Bibelen, kan ting bli skapt ut av ingenting, med bare det talte budskapet. Skapelsens Høyeste Makt kan produsere en hær ut av tørre ben. Den kan åpne munnen til et esel slik at den snakker. Når slik en skapelsesmakt oppstår uten noen som helst forhindringer, kan vi si at det er gjort fullkomment. Skapelsens Høyeste Makt kan anvende kontroll over ikke bare den fysiske verdenen, men også den den usynlige verden.

For å åpenbare Skapelsens Høyeste Makt, forklarte Gud til meg at jeg måtte gå gjennom tre pøver akkurat som Jesus hadde gått gjennom tre prøver. Jesus er Guds Sønn, men Han ble født som et menneske for å kunne bli en Frelser. Derfor mottar Han prøvene akkurat som et menneske. Dette er også måten vi åpenbarer autoritet ved Hans ord i både den fysiske og den spirituelle verden.

Jesus hadde alltid hatt Skaperens Høyeste Makt, men Han begynte først å åpenbare det etter at Han hadde gått gjennom tre prøver. Han laget vin ut av vann ved en bryllupsmiddag. Han matet fem tusen menn med fem brød og to fisker. Han roet vinden og sjøen med Hans ord. Alle disse var under fra skapelsen. Når Han prekte med Hans budskap, kunne en lammet gå og en spedalsk ble gjort ren.

Han sa også at Han kunne få ned mere enn tolv skarer med engler (Matteus 26:53). Men for å følge den naturlige rekkefølgen, for å følge rettferdigheten og for å fullføre viljen til Faderen, ville Han ikke gjøre det, selv om Han hadde myndighet og makten til å herske over den åndelige verden i tillegg til den fysiske.

Jeg var med på det 2. bønnemøte på fjellet i februar 2002. Mens vi ba, lot Gud meg innse at prøvene som jeg hadde gått igjennom siden jeg hadde blitt kalt Guds tjener var alle der så jeg kunne motta Skapelsens Høyeste Makt. Han viste meg også en interesant lignelse.

I den seiler jeg i et skip som heter 'Manmin,' og Gud sendte oss en sterk tyfon. Legg merke til at i 1998 og 1999 ristet Han kirken med tre prøver. Noen mennesker hoppet overbord og falt i havet. Noen andre nølte og lurte på om de skulle hoppe eller ikke. Fremdeles var det andre som holdt på rekkverket og tauet for ikke å falle.

Det var også noen mennesker som gikk inn i lugaren og de sov behagelig, til og med når skipet ristet. Gud lovpriste disse menneskene.

Åndelig var jeg kapteinen på skipet 'Manmin'. De som nølte om de skulle hoppe ned eller ikke kjempet mellom to forskjellige hjerter da de ble fristet av Satan. Selvfølgelig hadde Gud medlidenhet med dem og frelset til og med disse menneskene.

De som sov i lugarene kunne gjøre det på grunn av at de stolte fullt og fast på kapteinen. Jeg kan se at disse menneskene er de som vokste opp og ble åndelige krigere. Det er de som har mottat mange velsignelser.

Gjennom de tre prøvene, kunne kirkemedlemmene sjekke deres tro. Grunnen for at Gud kunne tillate oss en slik prøve var for å føre oss til det Nye Jerusalem og for å fullføre Hans forsyn av verdensmisjonen og oppførelsen av det Mektige Sanktuariumet.

På dette forsynet tillot Gud oss å bli testet av Satan, men vi seiret med troen. Gud tillot meg mange prøver og forsøk som var uutholdelige. Men etterhvert som jeg overvant dem, ga Gud mere og mere makt. Og til slutt ga Han meg Skapelsens Høyeste Makt. Det var ikke noe som fienden Satan kunne beskylde meg for. Gud hadde tillat disse prøvene for meg på grunn av at det var slutten på alle prøvene.

Helbredet av Nese Kreft av Troens Skjelvende Hender

I januar 2002, mottok jeg et brev fra Diakonesse Hoim Choo. I brevet stod det følgende:

"Min svigermor bodde i Mokpo i desember 2001 da hun plutselig begynte å blø fra nesen. Hun dro til et sykehus i nærheten, og de ba henne om å dra til et større sykehus i Seoul. Hun kom til Seoul og mottok en diagnose fra to forskjellige sykehuser. Det var kreft i nesen.

Det hadde allerede spredd seg ganske mye. Doktorene foreslo operasjon for å fjerne benet i nesen og erstatte det med kunstig ben. Min svigermor hadde blødd i mer enn 15 dager, og hun hadde gasbind i nesen.

To dager etter diagnosen, var jeg til stede på fredagens overnattingsgudstjeneste. Etter at gudstjenesten var over, skrev jeg ned navnet til min svigermors sykdom på min håndflate. Når du gikk forbi håndhilste jeg så på deg, senior prest. Jeg hadde et alvorlig ønske for at Gud skulle vise Hans makt gjennom deg. Tidlig lørdag morgen, når jeg kom hjem etter overnattingsgudstjenesten, var en av mine familiemedlemmer fra landsbygden der.

Jeg sa til henne, 'Jeg skrev ned navnet på min svigermors sykdom på min håndflate mens jeg håndhilste på overhode presten, slik at Gud kunne helbrede henne.'

Jeg erkjente min tro om at Gud ville helbrede henne. Jeg ringte min svigermor rundt 7:30 lørdag morgen. Jeg visste at det allerede hadde skjedd et mirakel.

Min svigermor sa, 'Hoim, jeg våknet opp på morgenen, og det var ingen neseblødning.'

På det tidspunktet, trodde jeg bare at neseblødningen hadde stoppet. Jeg visste ikke at hennes kreft hadde blitt helt helbredet. 2. januar, 2002, tok jeg henne til sykehuset for operasjonen.

De tok en siste sjekk like før operasjonen. Doktorene sa, 'Det er rart, men du har ikke noe kreft.' Kreften var borte! Hun ble løslatt fra sykehuset med det samme.

Jeg hadde tiltro til troen for min svigermors skyld som ikke hadde mye tro, og Gud helbrerte henne. Når min mann mottok bønnen for de syke i Nyttårsgudstjenesten, var han helbredet av magesyke som han hadde hatt i flere måneder. Han var så lykkelig og gir nå vitne til alle folk rundt ham."

Diakonesse Hoim Choos svigermor er nå en fast besøkende i vår kirke og er helt frisk. Skapelsens Høyest Makt kan ikke bare helbrede sykdommer bare ved å ta på eller be på pasientens bilde, men den kan også forandre værforholdene.

Helbredet av Kreft gjennom Lommetørkle Bønner

Soonchang Shim bodde i Hampyeongm, Cheonnam staten. I april 2002 hadde han svimmelhet og vanskeligheter med å gå. Han hadde mye smerter når han urinerte og hans urin var blandet med levret blod.

Han var diagnostisert med blærekreft, og det hadde spredd seg mye. Doktoren sa at det var store sjanser for at kreften ville spre seg til lungene, og det ble foreslått at han skulle gjennomgå operasjon på et av hoved hospitalene i Seoul. Han ble inlagt på Ehwa Kvinnenes Universitets Hospital. På forespørsel av Diakonesse Soollay Shim, som gikk i kirken vår, besøkte en av prestene fra kirken vår ham på sykehuset.

Presten forklarte til pasienten at han kunne bli helbredet gjennom troen hvis han angret på at han aldri hadde levd etter Guds ord og om han fulgte Guds ord. Presten ba også for ham med lommetørkleet.

Lommetørklet som presten brukte er en som han hadde

mottat mine bønner på. Gud har vist oss de voldsomme undrene til den Hellige Ånden når menneskene har bedt med troen på disse lommetørklene.

Etter at han hadde mottat bønnen, kunne han ikke sove på grunn av de store smertene. Han urinerte klokken 4:00 på morgenen, og noe som presset tungt på hans mave, kom ut av hans kropp.

Kreften gikk ut av ham. Siden da har han ikke hatt noen smerter mens han urinerte, og urinen var også ren. Dagen etter mottok han en siste diagnose før operasjonen, og de fant ut at han var fullstendig ren. Hun ble løslatt med det samme.

Selv med en operasjon, ville det ha blitt vanskelig for ham å gjenvinne helsen fullstendig siden kreften allerede hadde spredd seg. Men gjennom lommetørkle bønnen, erfarte han Guds arbeide og fikk helsen igjen fullstendig.

Ikke bare fra Korea, men hele uken fra over hele verden mottok vi vitner om de som hadde mottat helbredelse gjennom bønnene med lommetørkleet som jeg hadde bedt på. Jeg kan bare gi takknemlighet og ære til Gud for det.

Det Alvorlige Nødropet

Det spesielle årlige 2-uker lange Vekkelsesmøte var en himmelsk bankett hvor de erfarte sterke undere fra Gud. Vekkelsen som ble holdt fra 6. til 16. mai, 2002 hadde tittelen 'Makten'.

Når jeg ba for vekkelsen, lot Gud meg vite at Han ville konsentrere seg om å helbrede de med dårlig syn på mandag den andre uken; og på tirsdag, de med forskjellige handikap og som ikke kunne gå; og på onsdag de som ikke kunne høre eller snakke. Han lot meg også vite at mange mennesker ville bli helbredet.

På Søndag morgen, 5. mai, skinte en rund regnbue over kirken. Når jeg så regnbuen, trodde jeg at Guds makt skulle bli åpenbart ennå mere i vekkelsen.

Gud viste oss skapelsens undere mere enn jeg hadde forventet. Den blinde mottok deres syn, den stumme begynte å prate, og mange sykdommer ble helbredet. Det var akkurat som i Bibelen.

Hvor gledelig var det ikke for meg at folk er helbredet gjennom mine ivrige bønner! Hver gang jeg skrek ut høyt og sa, 'Herre!' Ropte jeg ut med all min energi.

Ved de mektige og hurtige forekommende arbeidene til den Hellige Ånd, hundrevis av mennesker var helbredet og de fylte alteret. Folkene kom opp til det lavere alteret for å vitne om miraklene som skjedde i kroppene deres.

Akkurat som Gud hadde lovet, gjennom strålene fra det helbredende lyset, kunne mange mennesker kaste deres briller, andre kastet deres krykker og det var andre som stod opp fra rullestolene.

Noen av menneskene som hadde deres spirituelle øyne åpne kunne se en lyskule spinne fra brystet mitt. Den gikk ut fra mine armer med makten til den Hellige Ånd. Noen av dem så også engler som rørte ved de syke og løsnet opp de stive knoklene.

I denne vekkelsen fikk spesielt de med dårlig syn igjen deres gode syn. Til og med de bline fikk igjen deres syn. De som ikke kunne se på grunn av grå stær og sukkersyke, kunne også nå se. Det var også mange som sto opp fra deres rullestoler. De med spedbarnsparalyse ble også helbredet. De troende som så dem, jublet sammen og ga ære til Gud.

Den Hellige Ånds Hurtige og Sterke Virvelvind

Gud ga oss den femdobbelte hellige evangeliet og makten til skapelsen fordi de formerer et sterkt åndelig våpen til å utføre verdensmisjonen i denne verdenen som er så full av synder og mørkhet. Hvor enn vi går, snur den sterke eksplosive makten til den Hellige Ånden mange mennesker mot Herren.

Oppgi et Bud for en Presidentstilling

Honduras er hovedsakelig et katolsk land. Det lider av fattigdom og forskjellige sykdommer.

Før jeg dro til Honduras, rapporterte våre ansatte, som hadde vært der og laget forberedelser til kampanjen, til meg at den offentlige sikkerhet var dårlig. Jeg ble fortalt at til og med de sivile bærte våpen og det derfor var farlig.

De sa også at på grunn av veldig varmt vær, var det noen

mennesker som døde på grunn av myggestikk. Når jeg ba om det, ga Gud meg et svar at Han allerede hadde omringet byen og stedet hvor kampanjen skulle være med lyset fra Hans makt og at den himmelske hæren og englene beskyttet området. Så jeg behøvde ikke å engste meg for noen tingen.

23. juli, 2002, ankom jeg San Pedrosula Internasjonale Flyplass. Rundt 1,700 mennesker ønsket oss velkommen. Iblandt dem var det et medlem av Representantenes hus i Kongressen, Mr. Esteban Handal. Medlem av Representantenes hus i Kongressen Handal hadde hatt en stor rolle med å ha kampanjen i hans land.

Mr. Handal var en president kandidat. Han var godt kjent som et medlem av Representantenes hus i Kongressen, en handelsmann, og også som en kristelig kringkaster.

Fra tiden da han var med på vår kampanje i Fililppinene i 2001 og var direkte vitne til arbeide fra Guds makt, forandret hans liv seg.

Han spurte, "prest, skulle jeg satse på en presidentstilling akkurat nå, eller er det bedre å bare konsentrere seg om Guds arbeide?"

"Hvis jeg skulle ta et valg, foreslår jeg at du bare gjør Guds arbeide."

Etter mitt råd til ham, stoppet han hans politiske aktiviteter og bestemte seg for å spre det hellige evangeliet over hele verden.

Vi Kan Aldri Kompromittere Med Andre Religioner

Når jeg ankom hotellet, var det journalister og pressemedlemmer fra syv forskjellige TV stasjoner og fem radio kringkastingsstasjoner. Det første spørsmålet var hvorfor hadde jeg valgt Honduras.

"Grunnen til at Gud ba meg komme til Honduras er for å velsigne landet. Du vil se at det i kampanjen er tusenvis av mennesker som vil bli helbredet."

Jeg gikk inn i detaljer om dette.
"Jeg sier at tusenvis av mennesker, ikke bare de som var tilstede på kampanjeplassen, men også de som så på kampanjen på TV og hørte det på radioen, vil også bli helbredet."

Jeg kunne forkynne det dristig på grunn av at Gud viste oss alltid utrolige syn og undere i hver og en kampanje. Siden jeg forkynte slik en utrolig ting på et offentlig sted, ville jeg ha vært en veldig stor løgner hvis de tegnene ikke hadde funnet sted.

Men mine ord ble i virkeligheten utfyllt. Vi kunne høre fra kringkastere som holdt direktesending av kampanjene at de hadde mottat mange telefonoppringinger fra fjernsynsseere. Jeg hørte at de hadde mottat mere enn tusen telefonoppringinger av folk som sa at de hadde blitt helbredet mens de så på kampanjen på TV.

Det andre spørsmålet fra journalistene var, "Den Katolske Kirken og noen Protestanter prøver å forene og opprette forsoning mellom de forskjellige religionene. Hva synes du om dette?" Mitt svar var barskt.

"Den eneste Gud er Gud Skaperen. Kristendommer kan aldri kompromittere med andre religioner. Gud forteller oss klart og tydelig i de Ti Budskapene at Han er den eneste Gud og ingen annen Gud kan komme foran Ham. Derfor kan det ikke bli noen annen religion."

Journalistene virket overraskede siden jeg pratet så hardt med et landlig Honduras språk, hvor mer enn 90% av befolkningen er katolikker.

Neste dagen så jeg avisen 'La Tiempo'. På den ene siden var det et bilde av paven. Han ble hjulpet av andre siden han led av Parkinsons sykdom.

Men på den annen side, var det en reklame angående vår kampanje med mitt bilde og med en kontrasting overskrift som sa, "Jesus Kristus helbreder idag. De blinde ser, de stumme prater, og de døve hører."

Veldig Varmt Vær Blir Kaldt.

På morgenen den 26. og 27. juli hadde vi prestenes konferanse på Ebenezer Kirken i kaldt vær.

Jeg hørte at været plutselig forandret seg fra den dagen vår misjons team ankom Honduras. Det hadde vært mer enn 40 grader Celcius, men fra den dagen vi ankom, begynte det å blåse en kald bris, og på dagen dekket skyene solen for å gjøre været mere behagelig.

Før vi dro til Honduras, fortalte Gud meg at Han ville kontrollere alle værforholdene, og at jeg ikke skulle bekymre meg over det. Fordi vi aldri hadde hatt noen problemer mens vi hadde hatt våre utendørs arrangementer, var jeg virkelig ikke bekymret. Men siden Han hadde fortalt meg så mange ganger ikke å bekymre meg, følte jeg det som om noe skulle skje.

Klokken 19:00, 26. juli begynte vi den første dagen på

kampanjen. Men det begynte å regne klokken 18:00 den kvelden. Ettersom det regnet mere, kunne de ikke bruke kringkastingsutstyret og mikrofonene.

Stadionen som kunne holde 60,000 mennesker var allerede fylt med mennesker. Jeg hørte at lokalbefolkning ville bare gå hjem hvis det regnet.

Men så kom vår forestillingsgruppe på scenen i pøseregnet. De hadde tatt på seg nydelige koreanske kjoler som kalles 'Hanbok', og utførte flotte koreanske danser med store håndvifter.

Scenen var våt på grunn av vannet fra regnet, så de tok av seg skoene for å utføre deres prektige tilbedelsesdanser. De fremmøtte forlot ikke stedet fordi om det regnet. De lokale artistene kom også ut på idrettsplassen og alle æret Gud sammen med deres danser og reiste deres hender i luften.

Jeg var i venterommet, og jeg sa at jeg ville gå opp til scenen klokken 18:00, men arrangørene foreslo at jeg ikke gjorde det. Jeg var sikker på at regnet ville stoppe hvis jeg gikk opp til scenen. Men arrangørene stoppet meg og sa at jeg ikke burde bli våt.

Klokken 19:00 kunne jeg ikke vente lenger, og jeg bare gikk opp på scenen uansett om arrangørene foreslo at jeg skulle bli hvor jeg var.

Akkurat da skiftet alt regnet seg til duskregn. Snart stoppet til og med duskregnet. Himmelen ble klar og det kom også en kald bris. På grunn av regnet og brisen akkurat før kampanjen, forsvant de farlige myggene og den irriterende møllen.

Det var Mange Utenfor Som Ikke Kunne Komme Inn Til Stadionen

Etter budskapet, ba jeg for de syke. Vitnemålene til de som

hadde blitt helbredet varte til klokken 22:00 den kvelden. AIDS, blindhet, stumhet, og forskjellige sykdommer ble helbredet.

De glødende og ekplosive undrene fra den Hellige Ånd hadde åpenbart seg for oss gjennom Skapelsens Høyeste Makt. Siden det hadde skjedd så mange syn, hvor mange mennesker hadde blitt helbredet av innvortes sykdommer som vi ikke kunne se?

Den andre dagen, til og med før kampanjen begynte, folkemengden fylte ikke bare setene, men også området rundt.

Det var en kald bris, og det var ikke noen møll eller mygg til og med rundt lysene. Problemene med myggen var så seriøs at borgermesterens stedfortreder for San Pedrosula spurte meg om å be for det. Men når Gud var med oss, kunne vi ikke finne de farlige myggene.

"Prest, inkludert de som ikke har kunnet komme inn til stadionen, er antall fremmøtte mer enn 100,000. Det er fremdeles titusener av mennesker utenfor også."

Ettersom setene ble fylt, av sikkerhets grunner, slapp de ikke inn de som kom springene til stadionen. Jeg var lei meg for de som måtte være utenfor.

Gjennom de korte bønnene for de syke, så mange mennesker sto opp fra deres rullestoler og gikk, og det var mange flere som ble helbredet av deres sykdommer og som ga vitnemål.

Ingenting er Umulig i nærheten av Ilden fra den Hellige Ånd.

Under ledelse av Dr. Jose Samara på Bethesda Sykehuset i San Pedrosula, medisinske doktorer bekreftet og dokumenterte helbredelses tilfellene. De holdt undersøkelser med røntgenapparat, MRI, og blod prøver.

De ansatte legene begynte også å ha sterk tro etter at de hadde vært direkte vitne til Guds under. En av legene, Dr. Cruz Marin fremviste resultatet av hans undersøkelse av en 12 år gammel pike med navnet Maria Yesenia. Hun mistet hennes syn på det høyre øyet på grunn av en feber som hun hadde hatt når hun var to år gammel.

Hun hadde en hornhinne transplantasjon, men hun kunne fremdeles ikke se. Men når hun mottok bønnene i kampanjen, kom det litt lys inn i hennes øye, og hun kunne se forskjell på forskjellige gjenstander.

En tolv år gammel gutt Esteban Zuninga hadde blitt smittet med HIV 8 måneder etter at han hadde blitt født. Han deltok i kampanjen etter at han hadde sett på en reklame for kampanjen på TV. Under bønnene for de syke, følte han varmen komme fra hans kropp.

Med dårlig fordøyelse, kunne han ikke spise veldig godt. Men hans smerter var fullstendig borte, og han kunne nå spise godt. Senere fikk han en legeundersøkelse, og han hadde blitt fullstendig helbredet.

Osman Guerra Miranda hadde AIDS. Hun kunne ikke gå og måtte ligge ned hele tiden. Når hun var tilstede i denne kampanjen og mottok bønner, følte hun akkurat som om flammer kom gjennom kroppen sin, og akkurat på det tidspunktet forsvant smertene. Hun kunne stå opp og gå med det samme.

Arnaldo Batres hadde ansvar for sikkerheten i kampanjen. En måned før kampanjen, ødela han benet sitt. Han hadde vanskeligheter med noen bevegelser og kunne ikke engang tenke på å springe. Han arbeidet fremdeles hardt for kampanjen, selv med hans smertefulle ben. Under bønnene for de syke, følte han imidlertid at hele hans kropp skalv og ble kald, og han hadde blitt fullstendig helbredet.

Han ble så fullstendig helbredet at han til og med kunne spille fotball dagen etterpå. Hans 8 år gamle datter hadde ikke kunnet høre godt siden fødselen, men hun kunne nå høre godt etter at hun hadde mottat bønn i kampanjen.

Suiafa Liera var en mormon. Hun hadde sett på kampanjen på TV, og under bønnene for de syke, la hun sine hender på hennes ben. Hun hadde ikke kunnet bruke hennes ben siden hun hadde vært involvert i en ulykke 8 måneder tidligere. Når hun mottok bønnen, kom ilden fra den Hellige Ånd over henne og hun kunne gå og springe med det samme. Hun konverterte til protestantisme.

De lokale prestene sa, "Jeg føler set som om jeg er i Bibelen. Jeg tror nå fullstendig at Gud virkelig er den allmektige." Jeg følte stor takknemlighet når jeg hørte slike bemerkninger.

Akkurat som i Jesus tid når de syke menneskene kom med troen, erfarte de voldsomme undere fra den Hellige Ånd og ble helbredet.

Når jeg kom tilbake fra Korea etter kampanjen, mottok jeg et brev fra visepresidenten for Honduras. Han takket meg på vegne av alle honduranerne for at så mange mennesker hadde blitt helbredet, og hjulpet dem og ledsaget dem åndelig.

Maktens Nye Dimensjoner

Mektige arbeid med Guds makt ble åpenbart i hver utenlandsk kampanje, men jeg var ikke riktig tilfreds. Det var ikke nok å utfylle verdensmisjonen med den slags makt fordi denne verden er full av synder.

Etter Honduras kampanjen, førte Gud meg til maktens nye dimensjon. Han forklarte meg om den 'Originale Skapelses Stemmen,' som jeg aldri før hadde hørt om. Han ga meg et nytt mål om at jeg måtte finne den originale stemmen for å utføre den perfekte Skapelsen av den Høyeste Makten.

> *"Ham som farer frem i himlenes himler, de eldgamle! Se, han lar sin røst høre, en mektig røst"* (Salmenes bok 68:34).

Den originale stemmen er stemmen til Gud Skaperen i begynnelsen. Det er så stort og fantastisk at det til og med ringer gjennom hele universitetet. Gud skapte universet og alle tingene med denne stemmen. Denne originale stemmen til Gud er plantet i alle ting slik at de adlyder med det samme når denne stemmen høres.

> *"Da sa Herren, 'Min Ånd skal ikke dømme blandt menneskene til evig tid; for sin villfarelses skyld er det kjød, og hans dager skal være hundre og tyve år'"* (første Mosebok 6:3).

Det er bare en enhet som ikke kan høre denne originale stemmen. Det er en kjødelige mann som ikke er født på ny av vannet og Ånden. For å vekke dem, trenger vi makten til Gud. I de Fire Evangeliene, ser vi nedskrevne ting som adlyder Jesus befaling.

> *"Da gikk de til ham og vekket ham opp og sa: 'Mester! mester! vi går under!' Men han stod opp og truet vinden og bølgene; og de la seg, og det ble blikkstille. Og Han sa til dem: 'Hvor er deres tro?' Men de ble forferdet og undret seg og sa til hverandre: 'Hva er da dette for en, som endog byder vindene og vannet, og de er ham lydige?'"* (Lukas' evangeliet 8:24-25).

Når Jesus kommanderte, adlød vinden og bølgene. Fordi han befalte med den Originale Skapelses Stemmen, selv døde ting hørte den og adlød. Det var på grunn av at Jesus lød akkurat samme som den originale stemmen til Gud.

Det er en forskjell mellom makten som kommer fra den originale stemmen og den som kommer gjennom troens bønner.

Det er hastigheten og betydningen av utslagene. Den originale stemmen kan vise skapelsens under øyeblikkelig. Men troens bønner flytter først den himmelske vert og englene, slik at det tar mere tid.

I Korea hadde vi noen kloke mennesker som spådde om ting som ville skje et par tiår eller til og med hundrevis av år i fremtiden.

Disse menneskene hadde kastet vekk deres onde natur gjennom en lang tids periode i åndelig lydighet og mottat tilstanden 'intethet'. De hverken dømte eller vraket noe og hørte Guds stemme. Ikke alltid, men noen ganger hørte de og forsto, og det de profeterte ble utfyllt.

For eksempel, i saken angående admiral Soonshin Lee,

ga han sitt liv for kongen og folkene med et godt hjerte som ikke inneholdt noe ondskap. I hans dagbøker, kan vi se at han vedkjente at Gud eksisterte, og ba til Ham med hans gode hjerte.

På grunn av at han visste hva som skulle skje, visste han om den fremtidige invasjonen i Japan. Han laget den såkalte 'Skilpaddebåten' til tross for negativ kritikk, og sparte landet fra å falle.

Troens Fedre som Hørte den Originale Stemmen

Idet vi vokser opp i ånden, kan vi høre stemmen og motta ledelsen av den Hellige Ånd. Og når vi snur denne utviklingen til ingenting og går dypere inn i åndens dimensjoner, kan vi høre den originale stemmen til Gud. Gud sa at jeg måtte forandre nivået til hele ånden som jeg selv hadde utført helt til et nivå av ingenting (1. Tessalonikerne 5:23).

I Bibelen, kan vi se klippene hvor folkene hørte den originale stemmen. For å splitte Røde Havet, Moses adlød Guds stemme og med hans ansatte utstrakt befalte han at Røde Havet skulle skilles. Da skjedde det et stort under fra Gud.

Når Josva befalte solen og månen til å stoppe, hørte Han den originale stemmen og befalte. Det er derfor solen og månen stoppet. Det var ikke på grunn av at hans tro var så mektig. Hvis han hadde hatt makten til å stoppe solen og månen av seg selv, ville alt ha skjedd med hans befaling.

Han hadde ikke behøvd å befale at solen og månen skulle stoppe. Hvis han bare hadde sagt ordene, "ødelegg alle Amalekite soldatene." Da ville soldatene ha forsvunnet og krigen ville ha vært over.

Det er det samme når Lazarus hadde vært død i fire dager og Jesus pratet for å vekke ham opp. Jesus hadde allerede hørt Guds stemme. Egentlig hadde Han alltid hørt stemmen til Faderen.

På grunn av at Han hadde hørt stemmen til Faderen som fortalte Ham at Lasarus ville bli vekket opp og at Gud ville motta ære, var ikke Jesus bekymret i det hele tatt. Når Han befalte til Lasarus med den originale stemmen, kom han ut av graven, levende.

Avkommet av Blodet fra Martyrdød av Thomas

Chennai, India, er stedet hvor apostelen Thomas preket om evangeliet og var torturert. Det er nå en minnekirke der. Thomas var en av Jesus tolv disipler. Han er best kjent på grunn av at han var veldig tvilende. Men etter at han hadde møtt den oppvekkede Herren, hadde han en sann tro og mottok den Hellige Ånd. Han ble torturert mens han preket om evangeliet.

I oktober 2002, ledet Gud meg til India som hovedsakelige var et Hindu land. Han lot meg vite at det var en kampanje som var planlagt til og med før tidens begynnelse og den første kampanjen hvor arbeidet til den originale stemmen til skaperen ville bli grunnlagt. Det var også et veldig viktig begynnelses punkt for evangeliet å gå inn til Midtøsten og Israel.

Forferdelig Tørke

Chennai ligger på den sørøstlige siden av India. Det er den fjerde største byen i India. En kampanje ble holdt på Marina Stranden med støtte fra Chennai Mektige Evangeliske Prestefellesskap.

8. oktober, dro jeg fra Incheon Flyplass. Mens vi fløy til Singapore begynte regnbuer å dukke opp og forsvinne. Jeg har fortalt mange ganger at vi alltid kunne se regnbuer når vi var på en kampanjereise, og denne gangen kunne vi se en regnbue følge flyet for rundt en time.

Det kunne være at det var tegnet på at Gud ville bli der for oss på den 4-dagers kampanjen, siden det klart og tydelig var en skinnende firedobbelt regnbue. Andre slags regnbuer inkludert rette regnbuer kom til syne. Våre medlemmer i vår misjonsgruppe fortsatte å rope ut i overraskelse og glede da de laget en journal av dem med video og fotoapparater.

Rundt klokken 22:00, 8. oktober, ankom vi Chennai flyplassen. Det duskregnet. Når jeg kom inn i bilen og var på vei til flyplassen, begynte det å regne hardt.

Men de som kom ut dit for å hjelpe oss var veldig glade selv når de ble våte. Jeg hørte at de hadde hatt tørke de siste tre årene, og de hadde ikke hatt noe regn de siste 9 månedene. Det var et stort samfunnsproblem der.

Hele byen Chennai begynte å streike mot sentrumsregjeringen på grunn av vannforsynings problemer. Jeg ankom under slike forhold men så begynte det plutselig å komme nedbør. Noen mennesker kalte meg 'Regnmann' og sa at jeg brakte regn med meg.

Antiomvendelses Lov

Gud ville motta stor ære gjennom denne kampanjen og det var også store hindringsarbeider fra Satan.

Noen mennesker spredde falske rapporter i Chennai for å stoppe kampanjen. Men noe av mye større betydning fant sted. Det ble laget en bestemmelse imot tvungen omvendelse. Den sa,

> **"Ingen personer skal omvendes eller prøve å omvende, enten direkte eller på noen andre måter, noen personer fra en religion til en annen ved bruk av makt eller ved bedrageri. Alle som ble tiltalt på grunn av overtredelse av denne regelen ville få fengselsstraff med opp til tre år og en bot på 50,000 rupier. Hvis den omvendte er 'en mindreårig, en kvinne eller en person som tilhører en Berammet Samfunnsklasse eller Berammet Folkestamme,' fengselstiden kunne vare i fem år og få en bot på 100,000 rupier."**

De som omvender på egen hånd og de religiøse lederne som er involvert i noen som helst slags omvendelse måtte rapportere det til den lokale bestyreren.

Denne loven ble satt i virkning den første dagen av kampanjen, 10. oktober. Jeg måtte risikere å bli arrestert når jeg preket om evangeliet.

Jeg visste ikke noe om dette til jeg ankom India. De kirkemedlemmene som arrangerte kampanjen hadde ikke informert megom dette. De var engstelige for at jeg skulle bli bekymret.

På grunn av denne situasjonen, spurte arrangørene meg bare

om å preke om fred og velsignelser i Budskapet.

Men hvis jeg ikke kunne preke om Gud Skaperen og Jesus Kristus, hadde jeg ikke noen grunn til å gå dit. Jeg trakk meg ikke tilbake i det hele tatt. Selv om det mentes at jeg ville bli arrestert, ville jeg preke om Gud Skaperen og Jesus Kristus.

På hvert møte la jeg trykk på at de kunne bli tilgitt deres synder og frelst ved å akseptere Jesus kristus. Jeg preket også om den vidunderlige himmelen og det forferdelige helvete.

Prestenes Konferanse

10. oktober var første dagen for kampanjen. På den dagen var det en stor rund regnbue rundt solen i Chennai. På morgenen hadde vi prestenes konferanse i Kamaraj Arangam.

Rundt 3,000 prester og rundt to ganger mere enn arrangørene hadde forventet, møtte opp på konferansen. Jeg pratet om grunnen til at Gud hadde plasert treet med kunnskapen om godt og ondt.

Når jeg så dem så oppmerksom og jublende og klappende fra tid til annen, kunne jeg føle at de var veldig tørste åndelig når de hørte på budskapet.

Oversetteren for konferansen ankom ikke i tide og en annen tok over for ham. Senere fikk jeg vite at denne oversetteren hadde laget en avtale med en person i arrangement kommitteen at han ikke ville oversette hvis jeg pratet om ting som hadde med det åndelige rike å gjære.

Jeg pratet om treet med kunnskapen om det gode og det onde, og hvis jeg utelatte inneholdet om Edens Have, ville ikke det sentrale inneholdet vært til stede.

Indias Mirakel Helbredelsesbønne Festival (På Marina Beach)

Fordi den nye oversetteren ikke var klar over dette oversatte han alt. Det var ikke noe trafikk kork der, og fordi den originale oversetteren fremdeles var forsinket, kunne jeg føle at det var Guds hånd som hadde grepet inn.

Jeg ankom Marina Stranden rundt klokken 18:00 med stor forventning og litt nervøsitet. Dette er den andre lengste stranden i verden. Det var bare omkring 15 minutter fra hotellet.

Jeg kunne til og med se scenen fra hotellrommet også.

Scenen var en 3 etasje høy bygning som var 45 meter vid. Den kunne holde 2,000 mennesker. Den var stor nok til å holde alle de som kunne komme opp og gi deres vitnemål. Stedet var så stort at det var store videoskjermer på andre plasser. De var 25 meter diagonalt. Det var en time før kampanjen, og mange mennesker hadde allerede samlet seg.

Begynnelsen til den Store Kampanjen

Den dagen preket jeg om Gud Skaperen. Jeg kunngjorde at jeg ville vise dem om Gud var den sanne Gud eller ikke, om Han er allmektig eller ikke, og om Han virkelig er tilstede. Etter budskapet, ba jeg så hardt jeg kunne for de syke. Mange djeveler var drevet ut og mange pasienter var helbredet. Dette var sendt direkte på mange TV kanaler.

En av dem var en 16 år gammel gutt ved navnet Ganesh. Han hadde vært involvert i en ulykke og havnet på sykehuset. Han hadde en svulst på hans hofteben. De fjernet hans svulst sammen med en del av hans hofteben og satte inn noen metalstenger for å forbinde hans lår til hans håfte. Han måtte holde seg i sengen i 6 måneder.

Selv etter dette hadde han vanskeligheter med å sitte og gå. Men han var med på kampanjen ved hjelp av andre mennesker. Når han mottok bønnene for de syke, følte han det akkurat som et elektrisk sjokk. Siden da forsvant smertene og han trang ikke lenger krykkene.

På kampanjens andre dag, regnet det veldig hardt tidlig på

morgenen. Flere mennesker samlet seg enn den første dagen og flere helbredelser fant sted også. Flere hundre tusen mennesker samlet seg hver dag. Jeg var høyt oppe på scenen, men det var fremdeles vanskelig for meg å se slutten av folkemengden. Etter de helbredende bønnene, mangfoldige mennesker overfylte stadionen, og arrangørene var veldig overrasket.

Mange berømte vekkelsespredikanter hadde kampanjer på Marina stranden, men de hadde ikke sett så mange helbredende arbeid som ble åpenbart, og de sa at de ikke virkelig trodde at noe slikt skulle skje.

Guds Forsyn av den Største og Beste Kampanjen

Fra kampanjens tredje dag, var det klare runde og rette regnbuer på himmelen. Igjen samlet det seg hundre tusener av mennesker, og kampanjen begynte.

Men noe uventet skjedde. Plutselig var det en sterk vind og veldig mye regn under gudstjenesten. Det var også torden og lyn. Jeg kunne ikke engang helt åpne mine øyne fullstendig på grunn av alt regnet som fosset ned.

Til og med scenen var blitt ristet av de sterke vindene. Noen deltakere begynte å bli urolige. Det virket som om de skulle gå. Jeg anmodet dem om å ikke bli redd av dette regnet, men å overvinne den med troen og gi ære til Gud. Snart ble de stille og fortsatte med å høre på budskapet.

Jeg kunne ikke unngå å være bekymret. Det største problemet var at kringkastingsutstyret ville bli vått, gå i stykker eller kortslutte. TV kringkastingen kunne bli avbrutt. Men jeg bare lot alt forsvinne fra mitt indre med troen på at Gud ville beskytte oss.

Den sterke vinden og regnet fortsatte utrolig nok for mer enn en time, men ingen av lysene, videoskjermene, elektriske utstyret, eller kringkastings utstyret ble ødelagt. Med alt det regnet og vinden kunne det ha vært et stort problem.

Det var elektriske ledninger på scenen, og regnet gikk inn i noen av de elektriske stikkontaktene, men det var ingen elektrisk lekasje eller utladning. Det var ikke en eneste ulykke på grunn av at Gud hadde beskyttet oss.

Mens jeg leverte budskapet, ba jeg inderlig for at regnet skulle stoppe. Men det begynte bare å regne mere. De siste 20 årene har Gud alltid gitt oss godt vær for alle utendørs arrangemantene. Til og med alt regnet stoppet alltid gjennom bønner. Det var første gangen jeg hadde noensinne blitt søkkvåt på grunn av regnet.

Jeg var så nervøs, og jeg mistet kreftene i bena mine. Jeg ville bare sitte ned og gråte. Men jeg kunne ikke vise slike tårer. Jeg fortsatte å preke om budskapet i alt regnet mens jeg ble helt gjennomvåt. Og jeg ba også for de syke. Og alt dette uten å engang ha en paraply! Jeg tror at folk ble rørt av det og de gikk derfor ikke.

Gud viste oss prektige helbredelser den dagen, og mange mennesker så det på TV og Internettet.

Etter bønnene begynte vitnemålene. Jeg sto og så på dem. Noen av de som kom opp til det lavere podiet så på meg og viste deres takknemlighet med tårer i øynene.

Etter at jeg kom tilbake til hotellet, spurte jeg Gud hvorfor det hadde vært så mye regn og hvorfor det ikke hadde stoppet selv gjennom bønnene. Han lot meg vite at alt regnet og den sterke vinden hadde vært Guds forsyn.

Be for de syke i et voldsomt regnvær

På grunn av at regnet var Guds forsyn, kunne det ikke bli stoppet selv gjennom mine bønner.

"Gjennom dette ble Gud og Jesus plantet dypt i folks tanker i India, og du er også holdt dypt i deres tanker."

Han forklarte at Han hadde gitt oss alt regnet for å la de lokale prestene og mange mennesker forstå hva en sann tro er og for å innprente Guds kjærlighet dypt inne i deres hjerter. Det ville også bli mange velsignelser på grunn av at vi besto den med troen.

Siden 2001, hadde Gud fortalt meg at kampanjen i India

hadde vært planlagt siden før tidens begynnelse og at den ville bli den største og mektigste på mange måter. På grunn av at Gud kjenner menneskenes hjerter, visste Han hvordan Han kunne samle flere folk.

Denne kampanjen var sendt direkte på 4 TV kanaler i tillegg til Internettet. Det var noe som var veldig uvanlig for et kristelig arrangement, spesielt i et land som India.

Mangfoldige indier så på denne kampanjen på TV, som foregikk selv i alt regnet, og de ble veldig dypt rørt. De så Kristus sanne kjærlighet, og Guds kjærlighet ble dypt innprentet i deres hjerter.

"Hvem er den personen som elsker menneskene i India med slik en enorm kjærlighet?"

Den Største Folkemengden

Dagen etter, den 13. oktober, samlet det seg 1.5 millioner mennesker, som var flere enn det noensinne hadde samlet seg på Marina Stranden. Mange mennesker som kikket på kampanjen på TV ble rørt og de kom til Marina Stranden. Jeg kunne ikke se enden på folkemengden.

Noen sa at det var som om all sanden på stranden ble til mennesker. Når jeg ba for de syke den dagen, kunne jeg høre skrikene til mange djeveler.

Djevelene visste at jeg ville befale dem om å forsvinne, så de skrek høyt. Mange indiere var besatt av de onde åndene fordi de hadde forgudet idoler i lang tid.

Når jeg kommanderte djevelene til å forsvinne, forsvant skrikene og det ble stille. Noen så med åndelige øyne at djevlene sprang avgårde uten engang å se seg tilbake.

Makten til den originale stemmen var virkelig mektig. De djevelbesatte var gjort hele, de som ikke hadde hørsel kunne nå høre, og de som ikke hadde kunnet snakke, kunne nå snakke.

Noen av dem ble båret dit på sykebårer, med de dro derfra ved å gå. Mange uhelbredelige sykdommer ble også helbredet. Spesielt den siste dagen av kampanjen ble holdt i kjempende arbeide fra den Hellige Ånd, og den etterlot seg mange fortellinger.

Det var ikke alt. Noen hinduer holder en slags trolldom. De henger egg og noen frukter i huset og forbanner andre. Etter at jeg hadde kommet tilbake til Korea, mottok jeg mange brev angående disse opptredene vedrørende sort magi.

En utroende mann hang egg i mange steder i huset sitt, men hans kone var troende. Hun så på kampanjen på TV.

Men når jeg ba for de syke, falt spikrene ut som holdt eggene oppe, og eggene falt ned og knuste. Den overraskede mannen sa at han ville komme til kirken, og at han ikke ville forstyrre kristendommen mere.

De lokale prestene sa at denne kampanjen var den mektigste og den beste på mange måter. De sa i overensstemmelse at Gud Skaperen og Jesus Kristus ble forkynnet og at budskapet var bekreftet ved synene som fulgte, så det var et perfekt budskap og uten noen som helst beskyldninger.

Arrangørene fortalte meg at mer enn 60% av de fremmøtte var hinduer. Mange av dem aksepterte Jesus Kristus og ble omvendt.

Ikke bare på Marina Stranden, men i 9 forskjellige byer, satte de opp store videoskjermer og viste flere kringkastings kampanjer samtidig. Ti tusener av mennesker samlet seg også på de plassene.

Mangfoldige mennesker vitner til deres helbredende mirakler

De hørte på budskapet og ble også helbredet. Det var et stort slag for Indias kristne historie. Det var en kampanje hvor prisen til Thomas' blod fra martyrdøden ble født på nytt.

Antiomvendelses Loven ble Endelig Opphevet

Fra kampanjens første dag, så mange politioffiserer på meg med stive ansiktsutrykk. Men deres ansiktsutrykk forandret seg ettersom tiden gikk. Mens de vitnet til at så mange mennesker skulle bli helbredet, kom de foran meg og til og med knelte ned for å motta bønner.

Politiet rapporterte til Tamil Nadu regjeringen og til Sentrumsregjeringen at mere enn 3 millioner mennesker samlet seg totalt over en 4 dager periode, og at de hadde hatt en fredfylt kristelig begivenhet uten noen ulykker. Det hadde vært en sjanse for å få kristendommen evaluert igjen i det indiske samfunnet. Mange troende som hadde levd under undertrykkelse begynte å bli stolte av seg selv.

Mange mennesker ble omvendt og kristendommen ble sterkere. De kristelige lederne ble forenet med hverandre og ga ut en uttalelse og forlangte nedleggelse av antiomvendelses loven. Kristelige skoler og hospitaler stengte, og kristelige individer protesterte også mot statsregjeringen ved å faste. Før hadde dette vært utenkelig.

Til slutt, i valget som ble holdt i 2004, tapte All-India Anna Dravida Munnetra Kazhagam (AIADMK) partiet med stor margin.

AIADMK partiet var partiet som Tamil Nadu stattholderen, Ms Jayalalitha tilhørte. Istedenfor ble det Demokratiske Fremskrittspartiet, som var mere vennlig mot kristendommen, majoritet.

Stattholder Ms Jayalalitha, sendte ut mange holdninger for å vinne folkenes hjerter. En av dem var forbudet om antiomvendelses loven 18. mai, 2004.

Mange prester og pressefolk var også med på denne kampanjen. De kom fra Amerika, Midtøsten, Russland, Australia, Israel, og andre land. De var vitne til Guds makt, som de hadde trodd eksisterte bare i Bibelen, og de spurte oss om å ha kampanje i deres land også.

Det var mer enn 30 land som spurte om kampanjer. Det var den 7. kampanjen siden år 2000, men jeg avgjorde aldri selv stedet. Jeg fulgte bare Guds bafaling og brukte aldri mine menneskelige tanker.

7 Kapittel

Nasjoner Vil Komme til Ditt Lys

Hva skjedde i Dubai

Etter at Uganda Kampanjen var over, lot Gud meg vite at jeg skulle dra til Dubai. Inntil da hadde jeg aldri hørt om navnet Dubai.

Etter det, når jeg kom tilbake fra Kenya Kampanjen, flyttet vi til Dubai. Det var første gangen jeg noensinne hadde satt ben i dette landet. Mens jeg var på flyplassen, ba jeg, "Fader, motta høy ære gjennom dette landet."

Dubai er det andre største emirat av de Forente Arabiske Emirater. Det er stedet hvor Korea importerer det meste av dens olje. Gud sa at de syv tidligere kampanjene hadde blitt kampanjer i store mengder, men denne ville bli en kampanje av en høyere kvalitet.

Gud sa at vi måtte bryte ned vår tankegang på grunn av at selve kampanjen ikke var den virkelig grunnen til at vi var i Dubai. Det var for å gjøre meg kjent med de høye embetsmennene og for å utfylle forsynet av byggingen av det

Mektige Sanktuariumet senere.

Vi mottok godkjenning fra lederne til å ha et møte, og vi forberedte oss til å ha en "Koreansk Kristelig Kultur Festival", fra 2. til 4. april, 2003 i den internasjonale konferanse hallen på Hyatt Hotellet. Det var for å introdusere de koreanske tradisjons dansene og musikken, for å få bedre kooperasjon mellom to land og også for å lettere preke om evangeliet.

Vi ville hatt møtet i en kirke, men hvis vi hadde hatt det hadde ikke muslimene kunnet komme. Derfor valgte vi et hotel. Jeg hadde blitt forstyrret i mitt indre helt fra begynnelsen at dette møtet aldri ville finne sted, men jeg sa ikke noe til noen av våre ansatte. Jeg bare lot dem gjøre istand til det med troen.

Selv om Dubai er relativt mere åpent enn andre Midtøst land, er det fremdeles et islamisk land, og å preke til de lokale araberne er strengt forbudt.

Jeg ankom Dubai en dag før kampanjen. Jeg var underrettet om at møtet måtte bli avlyst på grunn av sikkerhets grunner.

Det var rett etter krigen i Irak, og verdens situasjonen var ikke stabil. Men det var ikke den direkte årsaken. En av våre ansatte på den tiden hadde ved en tilfeldighet møtt Kronprinsen av Dubai som hadde kommet for å inspisere hotellet og han ga ham en invitasjon. Med kunnskap om at det var en kristelig begivenhet, Kronprinsen ga en direkte ordre om å avlyse møte.

Under Nærme Overvåking av Politiet

2. april, mer enn 100 politimenn holdt inspeksjon rundt hotellet. De sendte avgårde alle som kom for å være med på møte. De holdt også et godt øye med oss, misjonsgruppen.

Djevelen trodde at spillet ville bli over for oss hvis møte ble avlyst gjennom de høyeste ledelsene i landet, men Guds forsyn ble ganske stille utfyllt.

Dagen etter hadde vi en forespørsel fra Dubais Funksjonshemnings Klubben. Vi dro dit i grupper av tre og fem. Fordi det hadde blitt arrangert ganske plutselig, var det bare omkring 100 mennesker der.

De fleste av dem hadde betydelige funksjonshemmede tilstander, og mange kunne ikke gå på egen hånd. Mange kvinner være kledd i den sorte abaya. Jeg ga en 15 minutters gudstjeneste og ba i Jesus Kristus navn. Guds store under skjedde. De som ikke kunne gå begynte å gå og noen av dem fikk tilbake deres hørsel. De med stive og stivnede kropper på grunn av cerebral parese kunne nå bøye, strekke, og bevege seg.

Dette møtet og de tidligere kampanjene ble kringkastet gjennom Dubai av ZEE TV, som dekker 16 land i området.

Mens jeg var på hotellet, de som lengtet etter Guds makt kom til meg, ved å på en eller annen måte finne veien til meg gjennom poiliti grensen. Hvis vi hadde hatt kampanjen hadde jeg ikke kunnet møte noen mennesker, men nå kunne jeg møte folk som Gud sendte til meg.

En kvinne ved navnet Sheila Diwakar hadde sittet i en rullestol i lang tid etter at hun hadde blitt skadet i en trafikkulykke. Det var veldig vanskelig for henne å røre seg i det hele tatt. Men etter at hun hadde mottat mine bønner, stod hun opp rett der og begynte å gå litt etter hvert. Hun klarte ikke å gjemme sin glede.

Noen mennesker i pressen hjalp oss også. Dr. Omer Yassin kom med hans kone og datter. Hans datter hadde hatt en talefeil i 30 år på grunn av meningoencephalitis.

Men når hun mottok bønner fra meg, sa hun, "Tusen takk!" Parret fikk se deres datter prate for første gang. De ble forferdelig rørt.

Dr. Omer sa at han skulle skrive om hans datters helbredelse. Selv om det ikke varte lenge, møtte jeg mange mennesker som ville bli hjelpsomme for misjonen i Midtøsten. Disse menneskene har blitt forbindelsesleddene for å fullføre Gud forsyn.

Den Russiske Marsjen, en Offisiell Begivenhet av den 300de Fødselsdagen til St. Petersburg

27. mai, 2003, inviterte president Putin i Russland ledere fra mere enn 50 land for å feire 300 års jubileumet for opprinnelsen av byen St. Petersburg. Siden ledere fra mange land kom sammen på et sted, fanget St. Petersburg oppmerksomhet fra hele verden.

Vår kampanje i Russland ble holdt samme året, og det var sagt at det var en av de offisielle begivenhetene som ble feiret, og som brakte samarbeide fra regjerings lederne. Fra kampanjens første dag, den 12. november, 2003, var St. Petersburg Olympiske Stadion fyllt med mennesker.

I november er det veldig kaldt, og det snør også mye der. Men gjennom hele kampanjen hadde vi veldig uvanlig temperatur, med en temperatur over frysepunktet. Jeg preket om Gud Skaperen, hvorfor Jesus Kristus er den eneste Frelseren, og makten til den Hellige Ånd.

I alle bønnene for de syke, var stadionen fyllt med varme fra den Hellige Ånd.

Russlands Helbredende Mirakel Festival(St. Petersburg Olympiske Stadion)

Det var mennesker som ropte at de kunne høre; de som ikke hadde kunnet gå var nå gående; mange som hadde hatt stokk på grunn av vrikkede og misdannede ben kunne nå gå igjen; andre kastet ned deres briller etter at de hadde fått igjen deres syn; og det var de som ble helbredet av deres talefeil. Denne scenen var kringkastet direkte rundt hele verden.

Utenfor stedet til St. Petersburg, var det kampanjer på fem andre steder samtidig gjennom direktesendingen i Penza,

Izhevsk, og i Ukraina.

Det var når jeg dro til avskjedsfesten etter at kampanjen var over, at presten som var til stede på den kampanjen som fant sted samtidig i Izhevsk kom opp til meg. Til tross for det kalde været under 20 grader celsius, mer enn tusen mennesker kom sammen og så mange mennesker ble helbredet.

En prest som tok seg av den funksjonshemmede klubben ga uttrykk for hans glede og sa at mange mennesker med hørsels problemer og folk som hadde mistet synet hadde blitt helbredet.

Denne kampanjen var kringkastet direkte ikke bare til Russland, men til mer enn 150 land gjennom 27 luftkanaler, forskjellige kabelstasjoner, ved å bruke 12 forskjellige satelitter. Mennesker erfarte himmelske helbredelses arbeider da de så kampanjen på TV i nabolandene som Estonia, og sendte deres fortellinger til kringkastingene.

De locale doktorene deltok på kampanjen for å registrere og dokumentere helbredelses tilfellene. En doktor uttrykte overraskelsen som han hadde ved å si, "Jeg ble sjokkert over å se hvor mange mennesker som ble helbredet bare ved å motta bønner."

Presidenten for Moskvas Pinsemenighets Forening sa at han hadde følt det glødende arbeidet til den Hellige Ånd og nærværelsen av Gud, og det var et stort vendepunkt for vekkelsen av de russiske kirkene.

Han fortsatte med å si at prestene ble vekket fra deres åndelige søvn; de begynte å tro at Guds makt ikke bare er i Bibelen, men i virkeligheten også, og det kan til og med skje i dag. På denne måten ble det til at de lengtet etter Guds makt og kirkene ble forenet.

Begynnelsen til Religiøse Studier

Gud er ånden, og i den grad vi endrer oss til sannheten og ånden, kan vi også sveve i strømmen til den 'åndelige plassen'. Til den grad hvor vi går inn til ånden, kan vi bli forenet som en med Gud i Hans plass og motta Hans makt. På denne måten vil ledelsen være forskjellig i prekingen.

Det er kanskje ikke veldig vanskelig å legge igjen et inntrykk på tilskuerne ved å preke til dem. Men å gjøre en forandring i en tilskuer ved å trenge inn i området rundt sjelen og ånden, og leddene og margene, da må vi motta autoritet fra Gud.

Dypet av den spirituelle verdenen er uendelig. For å kunne lede meg inn til de høyere dimensjonene av Hans makt, lot Gud meg begynne i de åndelige studiene i januar 2003.

Det var et forløp som var nødvendig for meg for å høre den originale stemmen til Gud som kom 100 prosent fra hans hjerte og som fullstendig avslørte Skapelsens Høyeste Makt.

Gud forklarte meg om de åndelige lovene fra tidens begynnelse. Han forklarte oss også om rettferdighets reglene. Han forklarte meg i detaljer om de profetene til Gud som hadde utført det nivået til ånden som er kjent som 'hele ånden' som for eksempel Abraham, Moses, Elias, og apostelen Paulus.

Han lærte meg også om Gud Skaperen og Herren Jesus, og andre profeter og apostler som åpenbarte makten til Gud. Han lot meg også studere om lysets nivåer.

Å Lære Prestene til å Tjene Åndelig

Basert på hva jeg har lært fra Gud om det dype spirituelle rike, hadde jeg et par prestekonferanser i året.

For å føre prestene i kirken vår og for å få utenlandske misjonærer til å vokse opp i ånden og bli elskede og mektige tjenere til Gud, lærte jeg dem med hele min styrke og ba for dem med tårer, og klamret meg til Gud for dem.

Som apostelen Paulus sa, *"Våk derfor, og kom i hu at jeg i tre år ikke holdt opp, hverken natt eller dag, å formane hver eneste en med tårer"* (Apostlenes gjerninger 20:31), Jeg ga dem leksjoner om alt jeg hadde lært fra Gud slik at de kunne gå inn til de modne nivåene til troen og til hele åndens nivå.

Hvor gledelig ville det ikke bli hvis mange prester mottok større makt enn jeg gjorde, slik at Guds kongerike ville blittpa større og mange flere sjeler vil bli frelst! I juli 2003, pratet jeg ved den 21. prestekonferansen med tittelen, 'Gjennomstrømning av Ånden'.

Her pratet jeg til prestene om 'verdensrommet' som jeg hadde lært fra Gud. Jeg lærte dem om hvordan vi kunne ha et åndelig hjerte og sveve inn i strømmen til 'verdensrommet' og også angående de 24 eldste i det Nye Jerusalem. Jeg overtalte dem også til å ha større makt i et åndelig prestekall og ha mere håp om himmelen.

Mange vers i Bibelen som i den 1. Kongeboken 8:27 og i Jeremia 10:12, forteller oss at det ikke bare er en eneste himmel, men at det er mange forskjellige slags himler. Og til og med i det Nye Testamentet, Efeserbrevet 4:10 bruker en flertallsform når de sier, "over alle himlene."

Himmelen er ikke bare en men mange. Generelt kan det bli kategorisert inn til den fysiske plassen og den åndelige plassen, som er det åndelige kongerike. Det fysiske stedet er veldig lite i størrelse i forhold til størrelsen til det åndelige stedet.

Det fysiske stedet er den første himmelen, og fra den andre himmelen tilhører himlene det åndelige kongerike.

Edens Have og den onde ånden eksisterer i den andre himmelen. Det himmelske kongerike er i den tredje himmelen, og den fjerde himmelen inneholder den originale tronen til Gud. Det er i forskjellig dimensjoner fra Guds trone i det Nye Jerusalem.

Verdensrommet

I Guds hjerte finner du alle rommene i universet. Å ha troen er å ha allt i hjerte. Nemlig, det er å ha virkelig kunnskap om den plassen, kultivere den som åndelig kunnskap, og lage det fullstendig i ens hjerte.

Salmenes bok 68:34 sier, *"Ham som farer frem i himlenes himler, de eldgamle! Se, han lar sin røst høre, en mektig røst."* Den mektige stemmen refererer til Skapelsens Originale Stemme.

Dette er på nivået av å ha og kontrollere til og med rommet

i den fjerde himmelen. Bare på dette nivået kan en peile på den originale stemmen. Og den stemmen er referert til som en 'mektig stemme'. Men vi kan ikke høre denne stemmen.

Når denne originale stemmen til skapelsen høres, alle ting i alle slags rom adlyder. Dens fullmakt og verdighet vil riste alle himlene.

Hvis en person virkelig kunne høre stemmen, ville hans trommehinne sprekke. Vi kan høre denne mektige stemmen bare når Gud åpner de åndelige ørene.

Gud lot meg først ha åndelig kunnskap vedrørende rommet i den fjerde himmelen. Det er mulig når en går over nivået med bare 'ånden' og bare går inn til Guds rene nivå og fullstendig har rommet til den fjerde himmelen. Da kan en også kontrollere den andre og den tredje himmelen i ånden.

De som hadde fullført nivået til hele ånden som Elias, Moses, og apostelen Paulus nådde nivået hvor en kan kontrollere de onde åndene som er tilstede i den andre himmelen. Onde ånder skjelver foran de menneskene som har fullført hele ånden, og faktisk kan de til og med ikke komme nærme seg disse menneskene.

Men mens mennesker som har hele ånden lever på denne jorden, egger djevelen opp onde mennesker til å bringe forfølgelser til dem og hindringer mot dem. Denne myndigheten er myndigheten som er gitt av Gud til de onde åndene, helt til den menneskelige bearbeidingen på denne jorden tar slutt. Djevelen bruker denne myndigheten og prøver å forfølge og forstyrre arbeidet som har blitt fullført av Guds kongerike.

Det er av denne grunnen, at etter at vi har utført nivået til ånden, at vi må fortsette med å slåss mot maktens mørke til våre prestetjenester på denne jorden tar slutt. Men hvis en har rommet til den fjerde himmelen, tingene er gjort som den originale stemmen sier, så djevelen kan ikke forstyrre disse arbeidene.

Noen vil kanskje spørre, "Hvis Gud har gitt myndighet til de onde åndene, kan de ikke også utføre mektige arbeid?" Endresultatet er at djevelen ikke kan utføre mektige arbeid under hans egen myndighet.

Djevelen legger frem prøver og tester for de som forlater Guds ord og begår synder, og det er gjort i henhold til det åndelige kongerikets regler. Gud fortalte slangen å spise støvet på bakken for resten av livet (første Mosebok 3:14), fordi om slanger, eller ormer, ikke spiser støv. De spiser levende ting som frosker eller mus.

Her har støvet en åndelig betydning. Det refererer til menneskene som var laget av støvet på bakken. Gud tillater djevelen å sluke de 'kjødelige menneskene' som ikke adlyder Guds ord og begår synder.

Skapelsens makt til å oppvekke de døde, reise en lam mann til føttene, og forårsake den blinde til å åpne øynene tilhører utelukkende Gud. Djevelen har ikke slik makt, og derfor er det ikke noe plass i Bibelen som forteller oss om de onde åndene som utfører disse arbeidene.

I preparasjon om treningen om å gå inn til rommet til den fjerde himmelen, flyttet Gud den fysiske energien fra min kropp og fylte meg med åndelig energi. I denne prosessen, hadde jeg noen misdannelser i kroppen min. Det var på grunn av at kroppen min var i en slags tredimensjonell verden, men jeg gikk gjennom treningen til å ha det firedimensjonelle rommet til den fjerde himmelen.

Det åndelige rommet i firedimensjonen er dimensjonen hvor

Gud eksisterer alene som den originale lyden og lyset. På dette nivået, er ting utført bare ved å ha dem i hjerte.

Frelse gjennom Tre Prøver Er Tillatt i Guds Forsyn

Gå ut ifra at Jesus makt var 100. Da er åpenbaringsmakten til menneskene som har hele ånden maksimum 50. Apostelen Paulus er den som åpenbarte de mektigste undrene blandt personene i Bibelen. Han meddelte aktivt med Gud og skrev 14 bøker i Bibelen. Selv om han var så mektig, hadde han bare 50% i forhold til makten til Jesus.

Det er derfor han ikke kunne få de blinde til å se, og de stumme til å prate. Han kunne ikke åpenbare arbeidene og overskride grensen til tiden og stedet.

Noen trodde kanskje at Moses utførte på et makt nivå som var større enn Paulus. Men Moses viste de tegnene og undrene, som å dele Røde Havet, ved å adlyde Guds ord.

Men i saken angående apostelen Paulus, selv uten Guds befaling, gjennom hans egen tro utførte han tegn og under. For å fullføre verdensmisjonen på denne tiden som er så full av synder, sa Gud at til og med apostelen Paulus 50 prosent makt nivå ikke var nok.

Hvis makten jeg hadde var 1 når jeg åpnet kirken, utfylte Gud de resterende 99, og viste oss mektige tegn og under. Gjennom forskjellige prøver av troen siden den begynnelsen, makten som jeg hadde økte litt etter hvert, og den nådde 50 nivået like før de tre prøvene som begynte i 1998.

Men det var ikke nok til å fullføre Guds forsyn med bare de 50. Derfor ledet Gud meg til å ha større makt gjennom de tre prøvene. Jeg måtte gå gjennom forræderi av mange mennesker og var forfulgt uten grunn. Men allikevel overvant jeg det bare med glede, takknemlighet, bønner, kjærlighet, og godhet.

Djevelen prøvde å ødelegge meg gjennom de tre prøvene og andre onde planer, men mislykkedes. Loven til det åndelige kongerike sa at syndenes belønning er døden. Derfor kan ikke djevelen drepe eller ødelegge noen som ikke begår synder. Djevelen egget de onde menneskene og korsfestet Jesus, men fordi Jesus var syndfri, brakk han myndigheten til døden og oppståelsen.

Fra den dagen kunne ikke djevelen lenger gjøre noe for å stå i min vei og motarbeide misjonen. Da jeg besto de tre prøvene, ga Gud meg lyset til de fire makt nivåene. Før, når jeg ba, kom makten ned fra himmelen og gikk gjennom meg, men siden da, begynte lyset fra Guds makt å komme ut fra mitt indre.

For å gjære ferdig den menneskelige kultiveringen i denne verden som var så full av synder, trenger vi skapelsens makt. Det er derfor Gud ledet meg til dette nivået ved å tillate alle slags prøver slik at djevelen ikke kunne bringe beskyldninger eller nekte på noe lenger.

Fordi jeg overvant prøvene, kunne ikke djevelen nekte på det når Gud ga meg hans makt. Uten å ha kommet gjennom en slik prosess, ville Satan protestere ved å si til Gud, "Du ga Dine tjenere slik stor makt at det gjør til at mange mennesker har fått troen på grunn av dette. Er dette en sann menneskelig kultivasjon?"

Gud arbeider innen perfekt rettferdighet og er feilfri. Han har kultivert menneskene i lang tid, men Han har aldri gjort noe som ikke var riktig ifølge rettferdigheten. Gud ga meg de fire makt nivåene og trente meg til å komme til flere perfekte nivåer.

Det var på grunn av at vi måtte fullføre verdensmisjonen og forkynne om den levende Gud over hele verden. Gjennom en slik prosess, har jeg blitt dypt klar over Guds menneskenatur som, i godhet, forstår og vil gjerne tro på selv onde mennesker og Hans guddommelighet som erkjenner ondskapen i menneskene. Det var behandlingen av Guds kjærlighet og rettferdighet avgjørende i mitt hjerte.

I året 2000, økte makt nivået veldig. Døren til utenlandskmisjonene åpnet vidt da Uganda kampanjen startet, og skapelsens makt ble åpenbart. Men det var ikke lett for en mann med en menneskelig kropp å gå inn i rommet til den fjerde dimensjonen.

Bare tenk på hvor hardt astronauter trener seg selv for å adaptere til de forskjellige forholdene i verdensrommet. Akkurat som motstanden er stor når de går ut av verdensrommet, hadde jeg voldsomme anfall mens jeg prøvde å beherske dimensjonen til det fjerde rommet.

I november 2003, var treningen høyest rundt tiden til den russiske kampanjen. De voldsomme anfallene var også på sitt høyeste. Jeg kunne ikke engang sove fordi jeg måtte kjempe mot disse voldsomme anfallene dag og natt. Men i 2004, minsket disse anfallene seg betydelig.

Selv nå presser byrden om verdensmisjonen og byggingen av sanktuariumet og de økonomiske sidene ved disse tingene meg fremdeles. Når alle disse bekymringene forsvinner, vil jeg ha hvile, og de voldsomme anfallene vil da også naturligvis forsvinne.

15. april, 2004 var dagen til å gjøre ferdig mine åndelige studier. Siden da, var det trening som ventet på meg for å virkelig øve på hva jeg hadde lært. Jeg var i mitt bedehus den dagen, og det var en virklelig klar rund regnbue rundt solen.

Jeg kunne føle at makten økte fra den tiden jeg hadde blitt ferdig med de åndelige studiene. Helbredelses arbeide fant sted mye fortere enn før. Jeg var til og med selv overrasket. En person med alvorlige forbrenninger ble helbredet og gjort ren for alle arrene på bare en uke.

Kirkemedlemmene mottok velsignelser veldig hurtig. Alt foregikk veldig hurtig. Når jeg blir fullstendig ferdig med denne åndelige treningen, vil jeg kunne åpenbare Guds mektige arbeider innenfor Guds kjærlighet og rettferdighet uten noen som helst forhindringer som overstiger grensene til både de fysiske og åndelige rommene. I oktober 2004, begynte jeg den åndelige treningen av Gud som ledet meg inn til enda dypere nivåer av Hans makt.

Depresjon ble Helbredet da en Besøkte Gudstjeneste på Internettet

Wei Iran, som bodde i Taiwan, hadde hatt depresjon og søvnløshet fra mai 2004 på grunn av for mye stress fra hennes arbeide. Klokken 16:00 – 17:00 hver dag, hadde hun så store problemer med å puste at de måtte ta henne til hospitalet hvor hun måtte anvende en oksygen maske. Medisinene virket ikke.

Hovedgrunnen til depresjon er stress, og det er vanskelig og overvinne bare gjennom ens egen vilje. I seriøse situasjoner, gjør pasientene selvmord. Det har nå blitt et verdensfenomen.

Hennes situasjon ble bare værre, og hun ble sykemeldt i juli. Hun led ikke bare av depresjon, men hun hadde også Ménières syndrom, hvor du er svimmel og ikke har noen form for balanse. Hennes pupiller kunne ikke lenger fokusere seg. Hennes kropp var så stiv at hun ikke kunne røre seg uten hjelp fra andre.

I denne tilstanden, aksepterte hun evangeliet som hennes venner ga henne og besøkte Taiwan Manmin kirken. Hun begynte å delta i Søndagsgudstjenesten på Internettet og mottok Gud nåde. Hun hørte også på de tidligere gudstjenestene etter råd fra presten, og ropte ut med bønner. Ved å høre på budskapene, fant hun hennes synder og ondskap og angret gråtende. Hennes tro vokste litt av gangen.

Presten i Taiwan Manmin Kirken sendte et bilde av denne kvinnen med en forespørsel om en bønn for henne. 17. September, i fredagens nattgudstjeneste, la jeg min hånd på hennes bilde og ba alvorlig. Gud svarte på hennes bønner og hennes depresjon og Ménières syndromet ble helbredet.

Hun kunne sove komfortabelt og puste normalt fra nå av. Hun dro snart tilbake til arbeide og besøkte hovedkirken i Korea flere ganger. Hun har nå blitt en trofast kristen.

Pilegrimsferd

I mars 2004, dro jeg på en pilgrimsferd. Jeg hadde vært på pilgrimsferd mange ganger, men denne gangen var det veldig vanskelig, og fullt av spesielle følelser. Galilea var hovedstedet for Jesus offentlige prestetjeneste. Det var stedet hvor Han kalte på mange av Hans disipler og viste dem mange tegn. Vår gruppe hadde en meningsfylt tid med lovprising, bønner, og meditasjon ombord et skip på sjøen Galilea.

Meditasjon om Jesus

Så mange ord som Jesus lærte oss ble akkurat som klare juveler og skinte i vannet. Passerte Jesus denne veien? Jesus preket om gospelet og åpenbarte tegnene, og han hadde ikke nok tid til å spise og hvile komfortabelt.

Jeg kunne ikke engang passere et tre, en sten, eller en liten plante i Galilea. Når jeg så meg rundt i byen Galilea, savnet jeg Herren så mye at det ble til og med helt hjerteskjærende å tenke på det. Ved dagsgry, ba jeg alvorlig mens jeg så på sjøen Galilea, og mediterte på Jesus handlinger.

Min sterke lengsel etter Herren forandret seg snart inn til tårer som strømmet opp i øynene mine. Mens jeg ba i Galilea, viste Gud meg i inspirasjonen en scene fra Bibelen.

Jesus besøkte mange steder, lærte dem og helbredet de syke, og Han hadde ikke tid nok til å hvile. Jesus og Hans disipler spaserte, og de satte seg ned litt. Peter, som var lederen for de tolv, ble da fylt med et begjær om å holde fast ved Jesus og om å tjene Ham. Peter spaserte alltid foran. Han tok av sin kappe, og tørket toppen av en sten for Jesus å sitte på.

Jesus føtter hadde blitt skitne etter at han hadde spasert på de støvete veiene. Når Jesus satt ned, tørket Johannes Jesus føtter og sandaler med hans klær. Disiplene dro til de nærmeste husene og fikk litt mat. De var flate, tynne, runde loffer med brød.

Peter fant den beste og ga den til Jesus, og jeg så at disiplene satte seg ned ved veikanten og delte alle brød bitene. Jesus mottok Hans disippels hjerte som serverte Ham med hele hans hjerte, og Han spiste et helt stykke brød.

Ordene som Jesus sier var formulert i likheten med vanndråper i sjøen Galilea. Vi kan ikke høre Jesus stemme igjen selv med moderne vitenskap, men hvis Gud åpner våre åndelige øyne og ører, kan vi se og høre disse tingene også. Akkurat som vi har sett med de spirituelle øynene, var det også antydning av sterkt lys hvor Jesus hadde oppholdt seg eller gått forbi.

På Havet Galilea

Forvandlingsfjellet

Forvandlingsfjellet er stedet hvor Jesus dro med Peter, Jakob, og Johannes for å be. Her så tre disipler på at Jesus forvandlet seg til en åndelig kropp, møtte Moses og Elias og hadde en dyp åndelig samtale med dem. Peter sa at han ville lage tre tabernakler.

Når jeg dro opp dit, var plassen stor nok for å bygge tre tabernakler. Var det ikke hardt for Jesus og disiplene å klatre opp dette fjellet? Jeg kunne føle det åndelige lyset, lyden og energien.

Med de åndelige øynene, kunne en snart kjenne igjen stedet hvor Jesus møtte Moses og Elias fordi det var dekket med sterke lys. Kirken som er bygget i minne om begivenheten av

Forvandlingen var rundt 50 til 60 meter unna dette stedet.

Jeg besøkte også Gethsemane og Alle Nasjonenes (som er oversatt til 'Manmin' på koreansk) Kirke, som er bygget på stedet hvor Jesus ba før han tok korset når Hans dråper av svette ble til blod.

Via Dolorosa

Jerusalem er en dunkel by. Det er på grunn av at menneskene der ikke anerkjente Jesus som deres Frelser, men at de istedenfor korsfestet Ham. Jeg kunne føle sorgen og tårene fra Jesus for Jerusalem. Rett ved siden av Klagemuren sitter den gylne dommen, som er et Islamisk Tempel.

Dagen etter at vi ankom Jerusalem, hørte vi uventede nyheter på CNN. Den israelske regjeringen snikmyrdet den palestinske lederen sjeiken Ahmed Yassin. Det var anspenthet i Jerusalem.

Palestinerne lukket deres butikker for å demonstrere. Vanligvis er Via Dolorosa et fullpakket og bråkete sted med mange butikker og arabiske kjøpmenn som inviterer kunder inn til butikkene deres. Det er vanligvis ikke lett for pilgrimmerne å meditere stille for Jesus som bærte korset da de gikk på veien og opp bakken gjennom menneskeflokkene.

Men den dagen, på grunn av at de arabiske kjøpmennene låste deres butikker for å demonstrere, ble Via Dolorosa en stille gate. Mange andre pilgrimmere avlyste også deres program av sikkerhets grunner, og vi kunne ikke engang se mange lokalbefolkninger. Vi kunne fortsette på vår pilgimsferd i veldig stille og alvorlige omgivelser. Gud ga meg Hans nåde slik at jeg kunne føle Jesus scener med klar inspirasjon.

Jeg kunne føle at Jesus fortsatte å forhandle med Gud i ånden mens Han bar korset. Jesus overvant smertene hver gang han sto i forbindelse med Gud. Når Jesus spaserte denne veien, følte Faderen i himmelen også den samme slags smerten.

De kunne også vagt se Peter følge med i mengden langt bak Jesus. Han gråt med så mye angring og angerfølelse. Han torde ikke å komme i nærheten av Jesus ettersom han tenkte, "Hvordan kunne jeg ha nektet Herren tre ganger?"

Etter at Peter hadde nektet Jesus tre ganger, dro han ut med det samme og i hans sorg angret han. Det virker som om det var naturlig for Peter å følge Jesus som bærte korset. Grunnen til at det ikke ble skrevet ned i Bibelen er på grunn av at Peter fulgte Jesus bakfra og disiplene kunne ikke se ham.

Kvinnene Som Holdt Seg Ved Jesus Helt Til Slutten

Jomfru Maria fulgte Jesus. Hun var sønderknust og så mentalt og fysisk forvirret at hun ikke helt hadde full kontroll over hennes egen kropp. Mary Magdalene støttet henne og ga henne både sympati og sørgelige følelser på samme tid. På det tidspunktet gikk den kvinnen som hadde blitt helbredet fra hennes blødning foran Jesus for å tørke Hans svettedråper.

En romersk soldat prøvde å dytte henne vekk, men hun flyttet seg veldig hurtig gjennom menneskeflokken og tørket svetten til Jesus. En pisk kom plutselig frem og slo henne hardt. Hun falt til bakken. Soldatene brukte spyd og skjold for å holde menneskene unna.

Disse kvinnene kunne ha blitt felt og drept av de romerske soldatene. Men de var ikke redde og de fulgte Ham hele veien til korsfestelsesstedet.

Disse kvinnene var også de første til å gå til Jesus grav. Golgata er omkring 800 meter over vannflaten. På den tiden hadde de ikke asfalt veier som vi har idag, og det var en veldig ujevn vei.

Akkurat ved daggry den første dagen etter hviledagen, spaserte Mary Magdalene og Jomfru Maria opp til Golgata. De skadet deres føtter og deres klær ble ødelagt på de ujevne stenene, men det bekymret dem ikke det minste. Deres perfekte kjærlighet drev frykten ut (1. Johannes 4:18).

Den Hellige Ånds Ild i Tyskland

Guds ledende hender til å fullføre verdens misjonen tok oss til Tyskland. Det var Guds forsyn å vekke opp Tyskland og Europa hvor oppvekkelsen hadde stoppet.

Tyskland er fødselsstedet til Reformeringen, men mange kirker er tomme, og akkurat som i andre europeiske land, er det vanskelig å finne unge mennesker i kirken. Det er delvis på grunn av utviklingen av filosofi og liberal teologi, som lærer menneskene at det er OK å kompromittere med verden og ikke leve et liv hvor Bibelen er et fullstendig midtpunkt.

I ånden er mange kirker i Europa idag ikke så veldig forskjellige fra kirken i Sardis som mottok forhånelse fra Herren, *"...du har navn av at du lever, og du er død"* (Johannes' åpenbaring 3:1).

De som har Guds ord bare som kunnskap har ikke gjerningene som følger deres tro. Det menes at de har død tro og de kan ikke bli frelset (Jakobs brev 2:26).

I Tyskalnd er det lenge siden de yngre dro fra kirken. Mange mennesker har mistet den rene troen. Hvis de hører om at miraklene i Bibelen foregår akkurat nå, vil de se rart på deg og tvile. For å vekke opp Tyskland fra denne slags åndelige søvn, i 2004 fra 1. til 3. oktober, hadde vi en kampanje i Arenaen Oberhausen, som ligger nær Düsseldorf.

Rev. Alexander Yepp og andre prester som gjorde seg ferdige til kampanjen sa at det ikke var lett å bare få to eller tre tusen mennesker sammen, selv til de meste berømte vekkelsespredikantene. De sa at de ville se det som en suksess hvis bare et tusen mennesker kom. Så de ville leie et sted som kunne holde 1,500 mennesker.

Vi overtalte dem om at vi gikk sterkt i troen, og vi fikk til slutt Arenaen Oberhausen som hadde 12,000 seter. Tusenvis av våre kirkemedlemmer ba i bønnemøter som ble holdt hver kveld for kampanjen i Tyskland.

Gud var sikkert rørt ved bønnene, fastingen, og misjonsofrene fra våre kirkemedlemmer for oppvekkelsen av kirkene i Europa, og Han viste oss en eksplosjon av undere fra den Hellige Ånd.

I motsetning til beregningen av de lokale prestene, arenaen var fylt med mennesker fra den første dagen, og de fremmøtende hørte veldig iherdig på budskapet. Ved å høre på budskapet fikk de tro, og når jeg ba for de syke, erfarte de en storm av helbredelses undere gjennom arenaen.

Fra den første dagen, mange mennesker som kom i rullestoler stod opp og gikk, og døve ører fikk helbredet hørselen. Mange fikk godt syn og kastet ned brillene deres. Mange andre ble hebredet av uhelbredelige sykdomer og ga deres vitner på scenen. Leger dokumenterte og bekreftet helbredelsene medisinsk på

Tysklands Helbredende Mirakel Festival på Oberhausen Stadion

De som vitner til deres helbredelser gjennom bønn

stedet.

Dr. Geoffrey var utdannet i Sportsmedisin. Etter at han hadde lidd av meningoencephalitis, hadde han fått sukkersyke. Sammen med et hjerteinfarkt, gikk hans blodprosent opp til 180. Diagnosen sa at han ikke ville leve lenge.

Men han var med på kampanjen fra den første dagen. Og den tredje dagen mottok han ilden til den Hellige Ånden gjennom bønnene for de syke. Hans hjertefeil var helbredet. Hans blod present ble også normalt, og andre sykdommer ble også mye bedre. Dr. Geoffrey sendte oss takkekort fordi hans medisinske uhelbredelige sykdommer hadde blitt helbredet sammen med de støttende medisinske dokumentene.

Mange andre deltok i kampanjen etter at de hadde sett plakater og oppslagstavler på gaten. Andre kom etter at de hadde sett nyhetene om kampanjen på TV. De erfarte helbredende under. Denne kampanjen var en direktesending til 75 land gjennom 4 satelitter, og vi fikk også mange vitner som sa at de var helbredet mens de kikket på kampanjen på TV.

De lokale prestene var så sjokkerte av å se at deres egne kirkemedlemmer og familiemedlemmer ble helbredet. Da de så de voldsomme utbruddene av under fra den Hellige Ånden, vitnet de om at de virkelig trodde på at Guds levende under fremdeles skjedde på samme måte som på Jesus tid; og de fikk også flere ideer og mere tillit i deres prestetjeneste.

I Peru, Det Forhenværende Inka Keiserdømme

Peru har fremdeles pusten av Inka Keiserdømme som blomstret som en storslagen og eldgammel sivilisasjon. Machupicchu er en av restene til Inka, som er funnet i Urubamba Dalen, 2,280 meter over havflaten.

Den er omringet av skarpe fjelltopper, og kan ikke bli sett fra under fjellene. Det er derfor den heter, 'byen i luften'.

Den har templer, bolighetsstrøk og slottet som ble bygd av Inka i det femtende århundre. Det er enorme stenklosser som har blitt hugget glatte og er mer enn 6 meter høye og 1.5 meter tykke.

Bare en av disse stenene ville veie mange tonn. Det er utrolig hvordan de bærte dem til toppen av fjellet, eller hvordan de skjærte dem akkurat som vi ville skjære tofu og legge dem alle helt perfekt uten noen som helste gliper. Machupicchu menes 'en gammel topp', og den ble funnet og gjort kjent for verden tidlig på det tyvende århundre etter at en amerikansk historiker Hiram

Bingham fant det i 1911.

I desember 2004, når jeg ankom Peru, innså jeg hvorfor Gud valgte Peru for kampanjen. Peruanerne hadde stoltheten av å være etterkommere av Inkaerne, men de hadde også ledet av mange ting siden de hadde vært en koloni i lang tid. Deres hjerter var fattige og rene, og jeg kunne se at de lengtet etter Guds makt mere enn noe annet land.

De som vitner til deres helbredelser gjennom bønn

Møte med President Toledo

1. desember, 2004, like før den Forente Kampanjen i Peru, var jeg invitert til president slottet av President Toledo. Mitt første inntrykk av ham var at han var fylt med mange bekymringer og smerter, sannsynligvis på grunn av stresset fra styre i landet.

Vi snakket om mang ting, og han sa, "I hverdagen, er det ikke lett å fullføre de åndelige behovene. Jeg respekterer de som lever et åndelig liv og leder andre åndelig."

Han spurte meg også om å be og sa, "Venligst be om at jeg vil motta himmelsk visdom og styrke til å styre og utvikle dette landet godt, og også for foreningen av alle peruanerne." Jeg ba for mange ting inkludert den økonomiske utviklingen og for den politiske stabiliteten i Peru.

Selv om det ikke varte lenge, viste han sin takknemlighet til oss. Det kan være på grunn av at han fikk litt fred i sinnet gjennom bønnene. Når vi reiste fra landet etter kampanjen, ba han presidenten av flertallspartiet til å gi hans takknemlighet.

En Endeløs Folkemengde

Fra 2. til 4. desember, hadde vi kampanjen i 'Campo de Marte' i Lima. Denne kampanjen ble holdt med støtte fra politikere, handelsfolk, og pressen. I tre dager kom det mere enn 500,000 mennesker.

De store undrene fra den Hellige Ånd helbredet ikke bare de fremmøtte. Noen av de som kikket på kampanjen på TV, erfarte også helbredelse og kom til kampanje stedet. De som tidligere ikke kunne gå dyttet til side deres rullestoler, kastet deres krykker og spaserte.

Noen ble helbredet av kreft og andre fikk tilbake deres syn. Scenen var fullpakket med mennesker som ga deres helbredende vitner. Ikke bare de som selv erfarte mirakler, men deres familiemedlemmer og naboer ble også jublende og begynte å gråte sammen.

Denne kampanjen var sendt direkte over hele Peru på 3 kanaler og til hele verden av 20 sendende kanaler, forskjellige kabelstasjoner, og Internettet.

På scenen satt mange av landets politiske, handlesmenn, presse, og religiøse ledere. Det var den tidligere visepresident Maximo San Roman, og Ms. Rosa Graciela Yanarico, flertallspartiets president. Mange parlamentsmedlemmer, prester, og pressemedlemmer fra rundt om i verden var tilstedeværende.

På et hjørne av kampanjestedet var det et bord som ble satt opp til å motta 'vitneutsagn registrering'. Mer enn 20 lokale doktorer og sykepleiere skrev ned og dokumenterte helbredelses tilfellene og registrerte vitnesbyrdene. Victor Callo Yerena (Professor på San Hernandos Medisinske Universitet) sa, "Jeg trodde aldri helt på Gud. Men gjennom denne kampanjen, begynte jeg å erkjenne Guds mirakler ved å se de helbredende tilfellene som fant sted der."

Historien om en Handelsmann, Mr. Arce

En handelsmann med navnet Mr. Vicente Diaz Arce var en aktiv deltaker i denne kampanjen. Han er en inflytelsesrik handelsmann og kjent for sitt veldedighets arbeide. Han hørte stemmen til den Hellige Ånd som sa at han skulle hjelpe våre ansatte som forberedte til kampanjen i Peru og han møtte våre

Perus Forente Kampanje

ansatte. Han introduserte oss til presidenten for flertallspartiet og hjalp oss også med å lede en vellykket kampanje.

Men han var på listen av de etterlyste på grunn av noen juridiske problemer. Han var urettferdig anklaget av hans tidligere kompanjong, så en dommer dømte ham. Han ville bli fengslet i 3 år hvis han ble fanget, så han forble hjemme for å unngå politiet. Han møtte våre ansatte en gang utenfor hans hjem, men ble ikke sett av politiet.

30. november, dagen jeg ankom Peru, kom han til hotellet

Mangfoldige mennesker vitner til deres helbredelser

for å møte meg. Jeg ba for hans problem. På det tidspunktet bestemte han seg for å delta i kampanjen alle tre dagene. Det var et ønske om å bare stole på Gud.

Dagen etter var Gud opptatt med arbeidingen. I motsetning til andre land, hadde de i Peru et møte av dommere og de kunne etterforske saken om igjen. I tillegg kunne andre dommere lage rettelser og forandringer. Så det skjedde at en annen dommer gikk over dokumentene angående Mr. Arce. Denne dommeren konkluderte at Mr. Arce ikke var skyldig og underrettet ham om det.

2. desember, når han mottok brevet fra dommeren, Mr. Arce var veldig dypt rørt på grunn av makten han følte ved bønnen. Fordi hans problem hadde blitt løst, var han nå fri til å delta i kampanjen. Han hjalp oss med å ha en vellykket kampanje, ved å håndtere mange av de administrasjonssakene og også andre ting.

Etter at kampanjen var over, sendte mange av de som hadde mottat helbredelsesmirakler oss deres vitnesbyrder. På grunn av at mange mennesker erfarte mirakler, hørte jeg at mange kirker erfarte oppvekkelse.

Kampanjen hadde mer enn 500,000 mennesker tilstedeværende i 3 dager og det endte vellykket. Dens innflytelse førte til ustatelig diplomati; politikere, handelsmenn, og medlemmer av pressen fortsetter med å besøke Korea.

15. mai, 2005, var vise president David Waisman og tidligere vise president Maximo San Roman til stede på søndagsgudstjenesten i kirken vår i Seoul. På den tiden, arbeidet visepresidenten Waisman for å gjenopprette Perus inflytelse ved å hjelpe president Toledo, og den tidligere visepresidenten Maximo San Roman hadde arbeidet veldig hardt vedrørende sosialarbeide for allmennhetens skyld.

Året etter, besøkte vise president David Waisman og hans kone, samen med Mr. Vicente Arce, og presidenten av flertallspartiet i Peru, vår kirke. De ble rørt av Manmin ministeriumet og ble gode hjelpere. Etter denne kampanjen, fikk presten Lazarus Jaeho Lee fullmakt som en misjonær til Latin Amerika. En kirke ble bygd i Lima, og han gjør aktivt misjonærarbeide gjennom kringkasting og lommetørkle

Presidenten for San Antonios Nasjonale Universitet på Cuzco presenterer æresprofessorat til Dr. Ester Kooyoung Chung

kampanjer.

Valgt som En av de Syv Undrene i Verden

Dr. Esther Kooyoung Chung vekker opp mange prester rundt om i verden som presidenten for Manmin Internasjonale Seminaret (M.I.S.). Samtidig er hun også direktøren for Oversettelsesfirmaet med ansvarlighet for føring og overvåking av oversettelses arbeidene i kirken vår. Hun er den tidligere

MIS Konferanser vekker prester rundt om i verden (I Honduras)

presidenten for Seouls Kvinne Universitet hvor hun var den yngste presidenten av et universitet i Korea. I mai 2007, dro hun på en misjonsreise til Latin Amerika og holdt Prestekonferanser i mange land. En konferanse var også planlagt i Cusco, Peru.

Men noen lokale prester hørte falske rykter fra noen andre Koreanske misjonærer, og konferansen var like ved å bli avlyst. Guds arbeide ble vist oss med større mektighet på dette tidspunktet.

Presidenten for San Antonios Nasjonale Universitet Cusco hørte denne nyheten og inviterte Dr. Chung til å ha konferansen på hans universitet. Han hadde også besøkt kampanjen i Peru og var oppmerksom på prestetjenesten Manmin.

Dr. Chung ankom Cusco etter at hun hadde holdt en konferanse i Miami. Hun ga et budskap under tittelen, 'Åndelig Lover: Skapelsen og Vitenskapen'. Konferansen ble startet med en pressekonferanse og fortsatte i to dager. Det var kringkastet direkte på CTC som dekket hele staten Cusco. Konferansen var veldig populær og mange mennesker spurte om å få en innspillt video av den.

Etter at konferansen var over, forærte presidenten for San Antonio Nasjonal Universitet Cusco Dr. Chung en æresprofessorat, som ble godkjent av den peruanske regjeringen.

Samtidig prøvde byen Cusco sitt beste for å få stedet Machupicchu valgt som en av verdens Nye Syv Undre. Det var avgjort av forskjellige måleenheter inkludert Internet og telefon avstemning. Peru hadde en ulempe siden ikke mange innbyggere der hadde tilgang til Internettet. Borgermesteren for Cusco ba vår kirke om å be for dette problemet når Dr. Chung var der.

Konferansen ble holdt i kongresssenteret i byen Cusco den andre dagen, og heldigvis ble fredagens overnattingsgudstjeneste holdt i hovedkirken i Korea. Når de ba oss om å be, ba jeg under gudstjenesten for at Machupicchu skulle bli valgt som en av verdens Nye Syv Undere. Myndighetene i byen Cusco mottok bønner i virkeligheten gjennom direkte utsendelse via Internettet.

7. juli, 2007, ble resultatet av valget presentert. Machupicchu ble valgt som en av de Nye Syv Undrene, noe som igjen dro økende oppmerksomhet fra verden til Peru.

"Med bønner og støtte fra medlemmene i Manmin Sentralkirke, Machupicchu kunne bli valgt som en av de Nye Syv

Undrene. Vi er veldig takknemlige."

Borgermester i Cusco, Marina Zequeiros sendte denne beskjeden til kirken vår med en hilsen og en takknemlighetsplakett.

En Hard Kamp mot Fattigdom og Sykdom i den Demokratiske Republikk i Kongo

Den Demokratiske Republikken i Kongo er det tredje største landet i Afrika. Skjønt det har overflodige naturressurser, er det gjort fattig av borgerkrigene og endemiske sykdommer. De var i stor nød om livets ord og Guds makt. I mange år fikk vi etterspørseler fra prester om å holde en kampanje i det landet.

Nyhetene om Guds makt ble spredd gjennom kringkastingen, Internettet, og trykksaker. Vi mottar mange kampanje ønsker, men jeg har aldri selv bestemt stedet. Jeg dro bare til landene hvor Gud fortalte meg å dra. Når jeg ba om D.R. Congo, svarte Gud meg at jeg skulle ha kampanjen i 2006, og at det skulle være den siste kampanjen i Afrika.

Selv om Djevelen var Forstyrrende

Ettersom tiden til kampanjen nærmet seg, var den

offentliggjort hver dag på riks TV. Djevelen var redd for hva som ville skje gjennom kampanjen i DR Congo, og prøvde å forstyrre oss. Kirkene i DR Congo ble delt inn i to grupper.

De evangeliske kirkene arbeidet med oss for å ha kampanjen, men de kom ikke godt overens med den andre gruppen. Igjen var det prester som fikk inflytelse av koreanske misjonærer som spredde falske rykter og de samarbeidet ikke.

Det var også noen trollmenn blandt de som hjalp DR Congos presidenten, og de ville ikke ha en kristelig kampanje. Noen tåpelige ting ble rapportert til presidenten sammen med noen falske dokumenter som hadde blitt sendt fra Korea.

"Pastor Jaerock Lee kommer hit for å utvide hans inflytelse."

"Det vil ikke bli godt for presidenten. Dere burde stoppe kampanjen."

Deres parlamentsvalg og presidentsvalget skulle holdes i april og juni. Det var mange mennesker som ga negative rapporter til presidenten, så presidenten hadde naturligvis flere negative tanker om oss.

Fulgt Av Godhet

Dagen før jeg dro fra Korea, mottok vi et ønske fra en sports formidler til å flytte vårt kampanje sted til et annet sted den siste dagen. Fordi det skulle være en veldig viktig fotballkamp på søndag, måtte de begynne å gjøre istand for det på lørdag.

Det var veldig vanskelig for oss å flytte scenen den siste dagen. Vi måtte flytte den store scenen, lysene og videoskjermene, lydsystemet, og alt annet, og sette dem opp igjen, alt på en dag.

Vi hadde kontrakten om å bruke 'Stade des Martyrs,' som menes 'Martyrenes Stadion' alle tre dagene, men Guds ord

Demokratiske Republikken i Kongo Forente Kampanjer

forteller oss å gi når noen spør oss. Å gi alt bare på grunn av at folk spør er kanskje ikke alltid riktig, men når vi gir og ting blir fulgt opp med godhet, er Gud fornøyd. Jeg rådet de ansatte å akseptere deres ønske.

"Bare overgi dere for hva de enn spør om. Hvis vi insisterer på å rette oss etter kontrakten, hvor mye lidelse vil ikke den personen som leder få for å ha glemt en slik stor begivenhet og skrevet under kontrakten med oss. Det måtte ha vært Guds forsyn som gjorde det slik at vi måtte forandre sted den siste dagen."

Vi aksepterte deres ønske og bestemte oss for å holde kampanjen et annet sted den tredje dagen. Vi ville bruke veiene og andre åpne områder rundt 'Boulevard Triomphal,' 'Seiers

Bulevard,' men det var ikke lett å få den tillatelsen som var nødvendig.

De hadde stengt veiene bare en gang før, for å holde en nasjonalbegivenhet for presidenten. Den tredje dagen av kampanjen, var det en spesiell viktig politisk nasjonalbegivenhet. Det var nesten umulig å stenge veiene som var så nærme stortinget.

Et Begivensrikt Møte med Presidenten

15. februar, 2006, etter at jeg hadde ankommet DR Congo, forsto jeg hvorfor politikerne var så oppmerksomme på mitt besøk.

Den siste dagen for kampanjen, hadde regjeringen en seremoni for å forandre grunnloven. De forandret regjeringsorganisasjonen og til og med nasjonalflagget. Det var også en følsom tid like før president valget. Så de kunne ikke hjelpe for at de var veldig sensitive til hvordan vår kampanje ville påvirke dem.

Kampanjens første dag, den 16. februar, ble jeg invitert til president palasset av president Joseph Kabila. Noen prøvde å forhindre oss i å møte presidenten, men siden Gud rørte ved presidentens hjerte, ble møtet overraskende planlagt. I en veldig behagelig samtale, fikk president Kabila vite at inneholdet av rapportene som han hadde fått og realiteten var ganske forskjellig.

Han forsto at jeg ikke kom med noen politiske grunner, men bare for freden og helbredelsen i DR Congo. Hans holdning ble veldig vennlig.

Møte med DR Congos President Joseph Kabila

"Venligst be for et fredfylt parlamentsvalg. Er det noen problemer med kampanjen? Jeg vil hjelpe dere," sa presidenten.

"Den tredje dagen av kampanjen, må vi flytte sted og vi har problemer med å finne det rette stedet," svarte biskop Kienza, formannen for kampanjens arrangementskomité.

"Hvorfor ser du ikke på den andre idrettshallen?"

"Den andre idrettshallen er under reparasjon. Kan du tillate oss å stenge veiene ved siden av stortinget."

Presidenten aksepterte vårt ønske. Etter at jeg forlot president palasset, skrev han under på dokumentene som tillot oss å stenge veiene. Det var bare mulig med presidentens tillatelse.

På den første og andre dagen kom det rundt 100,000 mennesker til stadionen. Fordi presidenten var opptatt kunne han ikke komme, men han sendte sin tvillingsøster Dr. Janet Kabila, som hadde stillingen som førstedame. Vise presidenten, Mr. Bemba og hans kone var også tilstedeværende. Det var mange mennesker fra andre land som også deltok.

Mr. Werasson, en veldig berømt og populær sanger i Afrika, deltok i kampanjen og sang for Guds ære. Etter kampanjen, kom han med hans familie for å motta mine bønner. Han hadde to døtre, men hans kone hadde ikke kunnet få et barn på syv år. Ifølge hans ønske, ba jeg for at han skulle få en sønn.

Denne kampanjen ble sendt direkte på Congos riks TV og andre ikke-religiøse kanaler, og også til mer enn 150 land via mer enn 10 satelitter. Gud helbredet mange av de menneskene som led av fattigdom og sykdommer med en utstrømming av Hans makt. Mange mennesker vitnet til at de ble helbredet av den uhelbredelige AIDS. Så mange mennesker kom opp til scenen for å gi vitnesbyrd at vi var litt engstelige for at scenen skulle falle sammen.

En Endeløs Folkemengde

Den tredje dagen kom det slik en stor folkemengde at det var vanskelig å se slutten. Beregnelsen var rundt 500,000 mennesker. Hvis vi ikke hadde forandret sted, ville vi ikke ha kunnet tatt imot alle bare i stadionen.

Det kunne ha skjedd ulykker på grunn av den store folkemengden i stadionen, men med Guds kunnskap, ledet Han oss til et større sted.

De som var blinde og stumme, og som stolte på krykker og rullestoler, og som led av forskjellige sykdommer som kreft og AIDS var helbredet veldig hurtig. Gud helbredet dem med de voldsomme undrene fra den Hellige Ånd i Jesus Kristus navn.

Det var en eldre mann ved navnet Masudi Lisongi Bosongo som var en fisker. Han var 64, og fikk endene til å møtes ved å fange litt fisk. Han hadde briller fordi han ikke kunne se godt på grunn av katarakt. Hans eneste glede var å høre på radioen. Han hørte om kampanjen på nyhetene i radioen, men han kunne ikke få samlet transportpengene.

Akkurat som enken som ga de to kobber myntene, som var alt hun hadde, solgte han sin radio, hans eneste eiendom, for 9 dollar og dro til kampanjen. Gud aksepterte hans troende gjerning med tilfredstillelse og helbredet ham.

Han ga vitne om at det kom ild opp bak hans nakke til hodet hans og ned hans øyne. Han fikk igjen hans gode syn og han behøvde ikke å bruke briller lenger.

Kringkaste til Afrika og Over Hele Verden vis Satelitt

Vi utnevne presten Peter Kim til DR Congo som en misjonær. På mindre enn et år fra åpningstiden, mer enn tusen medlemmer besøkte søndagsgudstjenesten.

Biskop Paul Musafiri, en tidligere prest, var også rørt og imponert i kampanjen og besøkte kirken vår. Han hjelper oss nå og arbeider aktivt i DR Congo. La meg introdusere hans brev.

"Jeg sender en alvorlig hilsen fra DR Congo. Sammen tror vi på Gud som er med Pastor Dr. Jaerock Lee og jeg tilstår at Guds utrolige arbeid finner sted her på grunn av at du har bedt for hans land.

I januar 2008, var fredsavtalen underskrevet i den østlige delen etter mange kamper. Jeg ble sendt ut til Goma, i den østlige delen av landet og oppholdt meg der for en måned for denne fredsavtalen. Jeg var også med på denne konferansen til Pastor Myong-ho Cheong, erkebiskopen for det afrikanske kontinentet og ble veldig berørt av budskapet.

Selv etter at fredsavtalen ble underskrevet, prøvde de som motsatte seg dette å forvirre landet med dårlige rykter fra øst til vest av DR Congo, men jeg tror at dine bønner fremdeles er med DR Congo.

Jeg skriver til deg for å spesielt spørre deg om å be mere for oss. Jeg oppfordrer dere til å be med kjærlighet for president Joseph Kabila, politikerne, og hele presidentens følge. Min kolega prest Peter Kim gjør det også veldig bra. Vi har et fellesskap som er større enn hva en kjødelig bror eller familie har, og vi deler om drømmen og synet til Manmin.

Han fikk mange problemer fra politioffiserene på grunn av at han var en utenlandsk misjonær, men han overvant det alltid i Herrens navn. Han fikk et fint sted til å bygge en kirke, og det er mange vitnesbyrder fra kirkemedlemmene. Jeg gir også min respekt til alle Manmin medlemmene."

Biskop Paul Musafiri,
din trofaste sønn i Jesus Kristus.

Et Kors viste seg under den Første Offisielle TV-sendingen

Når jeg først startet kirken, ga Gud oss synet til Esaias 60:1, *"Stå opp, bli lys! For ditt lys kommer, og Herrens herlighet går opp over deg."* Siden da begynte det mektige arbeide til den Hellige Ånd å gå mot verden.

Gud lot oss opprette GCN (Det Globale Kristelige TV-selskap) TV med Hans plan om å skinne frelsens lys på alle mennesker rundt om i verden. Kringkastingen om den Femfoldige Hellighets Evangeliet begynte i byen New York i Amerika. Gjennom GCN, mange kringkastinger rundt om i verden utfører deres prestetjeneste med et syn gitt av Gud.

GCN Kringkasting Begynte i New York

I mai 2004, kom kristne kringkastninger fra 8 land inkludert Amerika, England, Russland, og Australia sammen og startet

Et kors vise seg over Empire State Bygningen

GCN. Vi hadde ingen kringkastings spesialister, ingen teknikere, og ingen økonomiske resurser.

Vi kunne bare investere i troen gjennom bønnene. Etter flere forberedende avtaler, begynte vi til slutt vår prøvesending 1. september, 2005, på kanal 17 i byen New York.

Kringkastingsrommet til GCN ligger i Empire State Building, som ligger i byen New Yorks sentrum. Ved feiringen av den første sendelsen av GCN, samlet det seg mere enn 20 kringkastinger der.

De dro opp til observasjonstårnet til Empire State bygningen for en kort periode, og så byens nattutsikt. På den tiden, så noen plutselig en stor utforming av et kors i luften og det skinte veldig klart.

De som var tilstede var sikker på at Gud var tilfreds med GCN TV og viste dem derfor et tegn. Mr. Dan Wooding som også var der og vitnet det, skrev en artikkel om det sammen med et bilde og gjorde det tilgjengelig på hans web-side.

GCN kringkaster kristne programmer 24 timer i døgnet i samarbeide med Manmin TV. De har hurtig utviklet seg til et verdensomspennende kringkasting. Dens fokus er å vekke opp livene ved å lede TV titterne til å møte Gud og motta løsninger på deres problemer gjennom forskjellige programmer.

Helbredelsestilfeller gjennom GCN

Vi mottar mange brever ikke bare fra Korea, men også fra mange andre land med TV tittere som sier at de har blitt helbredet av deres sykdommer og at de nå lever nye liv ved å se på GCN TV. Guds arbeide som går utenom begrensningen av tid og sted blir vist gjennom kringkastingen. Arbeidet leder veldig mange sjeler rundt om i verden til frelse.

Elizabeth Goodall er en GCN TV titter i byen New York. Hun sier at hun tror at Gud bruker Pastoren Jaerock Lee til å helbrede de syke, få dem til å angre, og føre dem til det himmelske kongerike. Hun ser på GCN TV Kringkastingen i byen New York. Hun hadde et vitnesbyrd å fortelle. En del av det er sitert her:

"Jeg er Elizabeth Goodall. Min mave og føtter har vært hovne siden 2005, og jeg hadde også en klump under min tunge. Jeg la lommetørkleet som du sendte meg på mitt fjes og mave. Neste morgen fant jeg ut at klumpen under tongen min var borte. Jeg undersøkte også min oppsvulmende mave og føtter og de var også borte. Jeg takket Gud for hva Han hadde gjort. Jeg vil også takke deg."

9. November, 2007,
Elizabeth Goodall

Et vitnesbyrd ifra Kanada sier følgende:

"Jeg så på Dr. Jaerock Lees TV program og ville gjerne vite om han hadde noen planer om å komme til Kanada. Jeg bor i nærheten av Ottawa og besøkte min mann som bor i New York. Jeg så også på GCN igår kveld, og når Dr. Lee ba for de syke, ble jeg helbredet. Du skjønner jeg er en sykepleier og ødela min skulder ifjor mens jeg hjalp pasienter. Smertene fortsatte med å komme tilbake, men etter at jeg hadde mottat bønnene igår natt, har jeg ikke lenger noen smerter. Jeg kan nå løfte mine armer og bøye mine skuldre. Ære Være Gud! Det var meningen at jeg skulle dra til Kanada i dag morges klokken 4:00, men jeg er ikke sikker på hvorfor jeg fremdeles er her. Kanskje Gud hadde i hensikt for meg å prate med deg i dag."

29. November, 2007,
Marie Lenie Saint Loth

GCN Undertegnings Seremonien

GCNs Første Gudstjeneste

WCDN, et Verdensomspennende Nettverk av Medisinske Doktorer

En organisasjon var laget ved et forsøk på å oppklare de guddommelige helbredelses sakene medisinsk. I mai 2004, var Verdens Kristelige Doktor Nettverk, WCDN etablert. De hadde deres første konferanse i Seoul, og den andre ble holdt i Chennai India i mai 2005. Det var mere enn 500 medisinske spesialister tilstede hvor mange ga guddommelige helbredelses saker fra et medisinsk synspunkt.

De etterfølgende Konferansene ble holdt i Cebu, Filippinene i 2006, i Miami, Amerika, i 2007 og i Trondheim, Norge i 2008 hvor de medisinske fagutdannede ga deres saksundersøkelser om guddommelig helbredelse. Etter Miami konferansen var det en artikkel angående denne konferansen som viste seg i en av de koreanske dagsavisene.

Den 4. Internasjonale Kristelige Doktor Konferansen var holdt på Hyat Hotellet i Miami, Florida, USA, med temaet "Åndelig og Medisin" 13. og 14. juli, 2007, og det brakte mere

Den 3. Kristelige Internasjonale Lege Konferanse i Cebu, Filippinene

enn 150 doktorer fra 40 forskjellige land. Den første dagen, 13. juli, ble konferansen begynt med hilsener fra Dr. Jaerock Lee, Styreformannen for WCDN, på skjermen. I hans beskjed, anbefalte Dr. Jaerock Lee publikum om ikke bare å helbrede folk for deres fysiske sykdommer, men også å lede livet som en av Herrens apostler som gir menneskene et åndelig liv.

Dr. Alvin Hwang presidenten for WCDN og Dr. Armando Pineda, WCDN Direktør for USA, hilste doktorene, prestene og de fremstående gjestene velkommen gjennom deres foredrag. Etter det, fremførte doktorer guddommelig helbredelsesarbeide

Den 4. Kristelige Internasjonale Lege Konferanse i Miami, USA

med støttende medisinske data som inkluderte – Ondartet Melanom (av Dr. Mark Miller), Spina Bifida av (Dr. Brian Sanghoon Yeo,) Spontan Pneumotoraks (av Dr. Gilbert Yoonseok Chae,) Lungebetennelse (av Dr. Junseong Kim) og to tilfeller med helbredelse av Brystkreft (gitt av Dr. Pancheta Wilson.)

Dommer Robert E. Newsom fra Sulphur Springs i nordøst Texas var diagnostisert med melanom kreft på krefthospitalet i Houston, Texas. Doktorene sa at dødsstatistikken med denne type melanom kreft er veldig høy, men istedenfor å utsette seg for strålebehandling, etterlot dommer Newsome hans problem til Gud og valgte å ikke få behandling. Han ba Gud inderlig om Hans helbredelse og mange medlemmer av den sør baptistiske kirken som han var medlem av ba om hans helbredelse. Når han mottok reevalueringen to måneder senere, skjedde det et mirakel. Melanom kreften hadde blitt fullstendig helbredet. Dr. William Mark Miller som hadde hatt ansvaret for Newsom snakket til tilskuerne vedrørende hans helbredelse med de medisinske informasjonene som bekreftet saken.

Dr. Chauncey W. Crandall IV, som hjelper til ved Palm Beach hjerte-kar-klinikk i Palm Beach Gardens, Florida, holdt hans dramatiske representasjon fredag 13. juli. Han sa, "Vi hadde en femtitre år gammel mann som kom til skadestuen med et kraftig hjerteanfall, og vi opererte ham i over førti minutter på skadestuen, men han ble erklært død. Akkurat da ba den Hellige Ånd meg om å 'snu meg og be for mannen,' og jeg satt ved siden av mannens kropp og ba, 'Fader, Gud, jeg roper ut etter sjelen til denne mannen som om han ikke kjenner Deg som sin Herre og Frelser, vær så snill og vekk ham opp fra de døde akkurat nå i Jesus navn'. Det var helt utrolig, men et par minutter senere da vi kikket på skjermen begynte det plutselig å vise seg et pulsslag. Og etter et par minutter til, begynte han å røre på seg, og så begynte hans fingre og tær å røre på seg og så startet han med å mumle noen ord." Dr. Crandall fremviste dette tilfelle med medisinske data.

Dr. John Youl Chun, den forhenværende leder av det Medisinske Universitetet Kyunghee Universitet, fremviste de helbredende vitnesbyrd til den taiwanske presten Chen Tsen Man som hadde blitt helbredet på fredagens overnattingsgudstjeneste i Manmin Sentral Kirke. Hun hadde lidd av spedbarns lammelse siden hun var 2 år gammel, og siden hennes trafikkulykke for 14 år siden, måtte hun bruke en stokk til å støtte seg selv og har nylig brukt en rullestol på grunn av de forferdelige smertene i bena hennes. Men når hun besøkte Manmin Sentral Kirke ble hun helbredet gjennom bønner fra Pastor Jaerock Lee og begynte å spasere uten stokk eller rullestol.

I denne moderne verdenen hvor det er vanskelig å tro på Gud på grunn av alminnelig utbredelse av syndene og utvikling av vitenskap, holder WCDN en prestetjeneste for å nærmere undersøke de guddommelige helbredelses tilfellene medisinsk, for å bevise at Bibelen er sann og at Gud lever.

Den Hellige Ånds Ild Midt i Amerika

Etter at Gud lot oss begynne med kringkastingen til GCN, rådgivet Han oss til å ha en kampanje i New York. Madison Square Garden er et sted hvor de fleste artister rundt om i verden sikkert ville like å holde deres forestillinger.

I et forsyn på å vekke opp Amerika og begynne vår misjon i Israel, ble det til at vi hadde New York kampanjen i Madison Square Garden i juli 2006. På grunn av at programmene er sett minst et eller to år på forhånd, er det forferdelig vanskelig å få dette stedet for en forestilling med kort varsel.

Det viktigste med å ha kampanjen i New York var beliggenheten. Det var vanskelig å få et sted for en kampanje bare et par måneder før selve arrangementet.

Mens vi kikket etter et godt sted, en spesiell gruppe avlyste deres program om å bruke Madison Square Garden, og vi gikk igjennom prosessen for å få godkjennelsen, og vi fikk den. Det var bare helt og holdent Guds velsignelse.

Amerika ble grunnlagt basert på troen til puritanerne. De sender også mest misjonærer rundt om i hele verden. Men idag, ved å lære om darwinisme og til og med godkjenne homofiler, later de til å holde seg mere og mere vekk fra Gud.

De som kom sammen i Madison Square Garden, hørte veldig oppmerksomt på budskapene i 3 dager og erfarte de voldsomme undrene fra den Hellige Ånd. De som hadde lidd på grunn av den onde ånden ble satt fri. Det var også mange mennesker som ble helbredet av uhelbredelige sykdommer og som også ga deres vitnesbyrder.

Helbredende Under i Madison Square Garden

Maria Andrea Morang ble helbredet av AIDS. Hun hadde angivelig blitt lagt inn på sykehuset på grunn av høy feber, hodepine, og oppkast. Hennes kropp var lammet og hun kunne ikke gå. Hun kunne knapt røre hendene sine.

En måned etter at kampanjen var over, besøkte vi henne igjen, og hun kunne gå igjen alene, og levde et normalt liv.

En annen person ble helbredet av kreft på ryggraden. Han hadde brudd på seks steder. Han sa at han følte det som om hans ben bare smeltet. Han kunne ikke sitte i lange perioder eller bøye hans kropp. Men han ble fullstendig helbredet i kampanjen; nerveproblemene var borte og han kunne gå fritt.

Hans doktor sa at det var uhørt for ham å kunne gå igjen, men Guds makt helbredet ham fullstendig.

Mikhael var helbredet av hans schizofreni som han hadde lidd

New York Kampanje (Madison Square Garden)

av i 12 år. Han ble fanget av onde ånder og var alltid deprimert. Han hadde, frykt for andre mennesker, og kunne ikke gå utenfor døren. Han hadde også hodepiner og kunne ikke leve et normalt liv. Han kunne ikke snakke riktig på grunn av sterke medisiner, men uten medisiner, fikk han slag.

I kampanjen ble han helt helbredet, og han jublet og sa at han nå kunne fortsette hans studier og leve et mytt liv.

De som ble helbredet ble undersøkt av doktorer på WCDN. Dr. Vitaliy Fishberg sa, "Denne kampanjen forandret hele mitt livs retning. Beskjeden som ble forkynnet i 3 dager var nøkkelen til å løse alle salgs problemer. Jeg har vært med på mange kampanjer til berømte vekkelsespredikanter, men jeg har aldri sett så mange mennesker bli helbredet fra bare en bønn fra prekestol.

På slutten av de tre dagene, mottok jeg Proklamasjonene og Minnetavlene med takknemlighet fra New York Stats Senat og Forsamling, og New Yorks Bystyre. Jeg kan bare takke Gud som lot meg forkynne evangeliet i et land som først forkynte evangeliet til oss.

Det var noen prester som prøvde å forstyrre vår kampanje i dette landet også. De satte i omløp noen falske dokumenter i mange kirker, involverte noen pressemedlemmer og prøvde også å boikotte kampanjen på Gardens.

Det var en prest for en spesiell kirke i New York City som var en av prestene som motarbeidet mest denne kampanjen. Han måtte senere trekke seg fra kirken på grunn av en ufordelaktige begivenhet, og det skjedde slik at han ikke lenger kunne ha en prestetjeneste i det området. Jeg var lei meg for å høre slike nyheter.

Når noen gjør noe som motarbeider den Hellige Ånds arbeide, vil han kunne høste hva han har sådd på denne jorden, men dommen som han vil motta i dette livet som kommer er mye mere forferdelig.

Noen koreanske misjonærer har jobbet for å komme mellom og forstyrre arbeidet til kirken vår. Når vi prøvde å ha kampanjer i mange land, har de aktivt spredd falske rykter og gitt ut fabrikkerte dokumenter.

Men på grunn av at sannheten sier seg selv, jo mere de prøvde å forstyrre aktivitetene, jo videre ble nyhetene spredd om vår kampanje. Slutt resultatet endte med at deres anstrengelser ga oss et bedre resultat. Vi har sett at de prestene som arbeidet med oss i de forskjellige kampanjene rundt om i verden har mottat store velsignelser. Deres kirker erfarte oppvekkelse og de ble mere solide. Deres personlige posisjoner og status ble også løftet.

Begynnelsen til Misjonsarbeide i Israel

Siden år 2000, har Gud latt oss forkynne evangeliet i 12 kjempestore kampanjer. Gud satte et midlertidig stopp til det med New York Kampanjen i juli 2006. Selv idag, er det mange ønsker fra land rundt om i verden om å ha kampanjer. Jeg er veldig lei meg for at jeg ikke kan svare på noen av de etterspørselene nå. Det er på grunn av at jeg nå må holde min misjon i Israel.

"Og dette evangelium om riket skal forkynnes over hele jorderike til et vitnesbyrd for alle folkeslag, og da skal enden komme. Når dere da ser ødeleggelsenes vederstyggeligheter, som profeten Daniel har talt om, stå på hellig grunn – den som leser det, han se til å skjønne det! – da må de som er i Judea fly til fjells" (Matteus' evangeliet 24:14-16).

Dr. Mikhail Morgulis (President for den Åndelige Diplomati Bevegelsen) prater med en jødisk rabbi ved Klagemuren

Rett etter at jeg startet kirken, lot Gud meg vite at når tiden nærmet seg den andre nedkomsten til Herren, ville det Mektige Sanktuariumet bli bygd, og misjonsarbeidene ville foregå i Nord Korea og Israel. Han fortalte meg også at Nord Korea ville bli åpen en stund. Idag føler jeg det som om tiden er ganske nær.

I juli 2007, begynte vi vår misjon i Israel. For å kunne forkynne evangeliet til jødene, trengte vi Guds makt. Evangeliet stammet egentlig fra Israel, men de hadde mistet det selv. Gud lovte Abraham, David, og Guds andre menn at Han ikke ville svikte Hans folk, Israel.

Guds løfte må bli fullført, og hvem ville forkynne evangeliet i Israel? Jesus utførte mektige arbeid som ikke var mulige for mennesker mens han forkynte evangeliet, men de forsto det fremdeles ikke. En kan forkynne evangeliet, men uten å vise Guds makt, er det vanskelig for dem å akseptere evangeliet.

Dette er hva Gud har sagt til meg: "Vekk dem opp med makten. Forkynn evangeliet i Jesus Kristi navn, og når de blinde ser, de døve hører, og de stumme prater, de som er gode i hjertet vil tro og akseptere ditt ord. Men ikke alle av dem vil gjøre det."

Han sier at de jødene som fremdeles venter på at deres Mesias skal komme, de som alvorlig søker etter Gud, og de som er forberedt av Gud, det er disse som vil åpne deres hjerter og angre når de ser manifesteringen av Guds makt.

Bibelen forteller oss om Herrens tilbakekomst i luften og at vi vil bli fanget i luften (Paulus' 1. brev til Tessalonikerne 4:16-17). Vi vil bli fanget opp i luften inn i skyene og motta Herren. Her, menes ikke 'luften' himmelen som vi kan se med våre fysiske øyne, men en åndelig verden. Gud har delt det åndelige kongerike inn i flere deler.

Blandt dem, den andre himmelen er delt inn i lysets område hvor Edens Have ligger og mørkets området hvor den onde ånden oppholder seg. Og i et hjørne av Eden er det laget et sted for 7-års Bryllups Bankett. Når Herren kaller på oss på slutten av perioden av menneskenes utvikling, vil vi bli fanget opp øyeblikkelig.

Akkurat som en stor magnet vil dra til seg metall deler, de som er 'hvete' troende vil bli forandret til åndelige kropper og motta Herren i luften øyeblikkelig. Mens de nyter den 7-årige Bryllups Banketten, den 7-år Store Prøvelsen vil bli åpenbart på denne jorden.

Prøvelse etter at en har Blitt Fanget Opp

Menneskene i Israel er Guds valgte mennesker, og det er fremdeles i Guds forsyn til tidens ende. I Bibelen, når denne verdenen var full av synder, kom straffen; ilden på Sodom og Gomorrah, og floden på Noas tid.

Likeledes, når verden er bare så full av synder til den grad at det ikke kan bli noe mere tilgivelser, vil den siste dommen komme. Gode troere vil bli fanget opp i luften, og denne jorden vil gå inn i den 7-års Store Prøvelsen sammen med kriger og naturkatastrofer. Det er begynnelsen til Den III Verdens Krig og 'slutten' som Bibelen prater om.

Når disiplene spurte Jesus om Herrens nedkomst og tegnene til tidens ende, sa Jesus, *"Du vil høre om kriger og rykter om kriger. Se til at du ikke blir redd, for disse tingene må finne sted, men dette er ennå ikke slutten"* (Matteus 24:6).

Her er ikke 'krigene' begrenset til et spesielt sted. Det er noe som påvirker hele verden. 'Kriger' og 'rykter om kriger' refererer til den 1. og 2. Verdens Krigen. Men dette er ikke slutten, fordi det vil bli en 3. Verdens Krig.

Oppvekkelsen kapittel 6 skriver om den 7-år Store Prøvelsen som vil finne sted etter at vi er fanget opp i luften når Herren kommer tilbake. Denne verdenen vil løpe inn i den 3. Verdens Krigen under 7-års Prøvelsen.

"Og jeg så, og se, en hvit hest, og han som satt på den hadde en bue, og det ble gitt ham en krone, og han dro ut med seier og til seier" (Johannes' åpenbaring 6:2).

Her, refereres 'den hvite hesten' til isralittene og 'han som satt på den' til lederne som har kontrol over deres skjebne. Her symboliserer betegnelsen 'hest' myndighet, selvrespekt, og også krig. Menneskene i Israel har følelsen av å bli valgt til 'Guds valgte folkeslag'.

Denne følelsen blir deres arroganse og stahet, og de har stadigvekk kriger med deres naboende land. Det er derfor det alltid er spenning i Midtøsten. Siden Isarel har blitt etablere på nytt, mange arabiske land har kjempet mot dem, men som sagt, 'han dro ut for å bli seierrik og for å seire,' så de fortsatte med å vinne.

Men de vant ikke helt. Det menes at krigen fremdeles pågår; den 3dje Verdens Krig vil komme. Akkurat som i den 1ste og 2dre Verdens Krigen, den 3dje Verdens Krigen vil også ha et veldig nærme forhold til Israel.

III Verdens Krig

"Og da det åpnet det annet segl, hørte jeg det annet livsvesen si: Kom! Og det kom ut en annen hest, som var rød, og ham som satt på den, ble det gitt å ta freden fra jorden, og at de skulle slakte hverandre, og det ble gitt ham et stort sverd" (Johannes' åpenbaring 6:3-4).

Her refererer den 'røde hesten' til Russland og den foreslår at det vil bli mye blodsutgytelse. Siden undergangen av Sovjetunionen i 1991, virket det som om den hadde mistet dens makt, men igjen kommer Russland opp som en av de sterkeste landene i verden. For fremtiden vil Russland gå i allianse med Kina og bli en av hovedmaktene.

Ettersom Russland blir sterkere, blir det anvendt mere innflytelse på dens naboland, og dette vil bli grunnen til stridighetene. Under den 7 år Store Prøvelsen, disse stridighetene vil bli brutt ut som krig mellom menneskerasene. Disse krigene vil ikke slutte lett, men bli større, og det er derfor det står 'et godt sverd ble gitt til ham'.

Russland vil krige med dens naboer og imellom menneskerasene, og også involvere seg selv i Midtøst krigen med Israel. Akkurat som det ble profetert i Esekiel kapittel 38, vil det føre til den 3dje Verdens Krig.

Betydningen av 'Olje og Vin'

Johannes' åpenbaring 6:6 sier, "ikke ødelegg oljen og vinen." Oljen refererer til isralittene og 'vinen' de som trodde på Herren, men som ikke levde et riktig kristelig liv, og ble derfor igjen på denne jorden under den 7 år Store Prøvelsen.

'Oljen' er de blant Israel som senere kan motta frelse. Det betyr at det vil være noen jøder som vil se hvordan tingene går etter Herrens andre nedkomst, forstå at Jesus er den virkelige Messias, og angre.

'Vin' symboliserer de sjelene som faller til bakken akkurat som råsaften fra druene som renner ned etter at vi plukker dem opp. De deltok i kirken og var troende, men de hadde død tro uten gjerninger. De som ikke er kjent for å ha en sann tro, kan ikke bli fanget opp når Herren kommer tilbake.

Og når de forblir på jorden, hvor sjokkert vil de ikke bli! Noen av dem vil prøve å få den 'innsamlede frelse' gjennom martyrdøden, og ikke motta det 666 merket til udyret.

Gud vil beholde dem helt til det tredje seglet er brukt (Johannes åpenbaring 6:5), og når tiden kommer, vil Han gi dem en sjanse til å motta frelse gjennom martyrdød. Det er derfor det står 'ikke ødelegg oljen og vinen til tiden kommer'. Men det er ikke dermed sagt at alle vil bli frelst gjennom prøvelsene. Det menes at smertene og lidelsene vil bli mindre helt til det blir forferdelige forfølgelser og martyrdøder i full målestokk.

'Askegrå Hest': Den Europeiske Unionen

Johannes åpenbaring 6:8 skriver om den europeiske unionen som vil spille en stor rolle i den 3dje Verdens Krigen.

> *"Og jeg så, og se, en gul hest, og han som satt på den, hans navn var døden, og dødsriket fulgte med ham; og det ble gitt dem makt over fjerdedelen av jorden, til å drepe med sverd og med sult og med pest og ved villdyrene på jorden."*

Her refererer den 'askegråe hesten' til tingene som vil bli gjort gjennom den Europeiske Union, EU. 'Og han som satt på den hadde navnet Døden; og Hades fulgte med ham'. Dette refererer til den antikristne, en som kontrollerer mørket. I den nærmeste fremtid, vil verden ha tre hovedmakter. Amerika, som den sterkeste nasjonen, har laget krig til fordel for deres land i verdens samfunnet.

For å holde Amerika i sjakk, andre makter vil også bli formert: og det er Kina og EU. Den største makten er Amerika. De har nytet deres plass som den sterkeste nasjonen i lang tid, men de vil miste deres makt litt om litt.

Den neste makten er de forhenværende kommunistiske statene som er samlet rundt Kina og Russland, og den tredje er EU. Midtøst landene vil også prøve å lage olje som et våpen og ta kontrollen, men de er svakere enn de tre andre.

Etter at de troende blir fanget opp i luften, vil verdenen falle i forferdelig kaos. Selv om de ikke er troende, vil de vite at Herren Jesus har kommet tilbake. De vil bli redde og tenker, "Det var sant, hva skal vi gjøre nå?" Det vil også bli naturkatastrofer, sykdommer, og forferdelig inflasjon når verden går inn i kaos.

I mellomtiden vil hver av hovedmaktene prøve å opprettholde kontrol, og spesielt EU, som vil reise seg som den sterkeste makten, vil bli kontrollert av antikristne.

Etter hvert som forvirringen blir større, vil menneskene ha sterkere ledelse for å holde orden i deres samfunn. På denne måten vil EU veldig lett få mere makt. På begynnelsen av den 7-årige prøvelsen, vil de øke deres militærmakt. Deres makt vil bli basert på et avansert system som de har og vedrørende deres rikdommer.

På denne måten vil de ikke bare forene de europeiske landene, men alle verdensdeler vil bli forenet inn i og med deres system.

Utvendig vil de si, "Hvis du følger vårt system, vil du få stabilitet og nyte fordelene sammen." Men det landet som ikke følger deres dyktige ord, de vil angripe det og ødelegge det. De vil beholde matforsyningen og livsfornødenhetene perfektly kontrollert.

Datamaskinen, Jordens Udyr.

Hva er nå betydningen med "Makten var gitt til dem over fjerdedelen av jorden, til å drepe med sverd og med sult og med pest og ved villdyrene på jorden"?

'Sverd' betyr militærmakt, og 'sult' betyr at det vil bli sult og høy inflasjon, men EU vil utnytte den sjansen og samle opp mye rikdom.

'Med pest og villdyrene' betyr at de vil legge restriksjoner på de som ikke kommmer inn i deres system og vil derfor straffe dem, selv med døden. 'Verdens villdyr' refererer til 'datamaskinene'. EU vil sette opp deres system med supre datamaskiner som inneholder alle menneskene på jorden. De vil kontrollere dem og holde øye med dem gjennom datamaskinene.

For å kontrollere alle, vil de tvinge folk til å motta villdyrets merke på deres høyre hånd eller panne, som vil være en strekkode. Villdyrets merke er en måte å kontrollere alle mennesker når antikristne overtar kontrollen. De vil sette inn hver og ens personlige informasjon på strekkoden og forsegle den på hver og ens hånd eller panne, slik at de kan kontrollere hvert menneske. De vil kunne spore hvor de går og hva de gjør.

I begynnelsen vil de bare anbefale folk om det, men i midten av den 7-årige Store Prøvelsen, vil de tvinge alle til å motta merket. De som nekter vil bli dømt til å være 'farlige elementer i stabiliteten til samfunnet'. Fra og med denne tiden, vil menensker som ikke mottar merket begynne å bli torturert.

Å motta villdyrets merke under prøvelsen er å samarbeide med den antikristne makten og å forgude deres idoler. Det er det samme som å nekte Herren.

De som vil beholde deres tro vil prøve å ikke motta merket, men de antikristne vil ikke tillate det. De vil spore ned alle og enhver av dem, torturere dem på forskjellige måter, og true dem med til å motta merket. Kun når de overvinner slike grusomme og hjerteløse lidelser og blir martyrer vil de motta 'ettersanket frelse'.

Etter innhøstingen, vil bonden søke etter all hveten som kan ha fallt på bakken. På samme måte, gir Gud menneskene en sjanse til selv om den menneskelige kultivasjonen er over. Men denne gangen er det ikke lett å bevise at de har tro.

De må overvinne slike forferdelige torturer, sult, og trussler. For å få deres tro erkjennet når forutsigelsene i Bibelen allerede har blitt oppfylt, må de bevise deres tro med noe mye mektigere.

Djevelen vil røre ved de antikristne og selv ta en person til med seg til helvete. Det er derfor de vil gi de troende slik en tortur som menneskene virkelig ikke kan holde ut slik at de vil nekte Herren. Når en troende ikke nekter Herren, vil de ta hans familie medlemmer eller barn og torturere dem foran dem.

Hvis en troende gir opp, må han motta merket. Han vet at han vil lide i helvetes flammer for alltid hvis han nekter Jesus, men smertene vil bli for mye å overvinne.

På denne tidsalderen vil den Hellige Ånd allerede ha blitt sendt opp. Og det vil ikke bli lett å overvinne alle smertene og lidelsene til døden bare med deres egen viljestyrke. Vi lever på en tid hvor Herrens andre nedkomst er veldig nærme, og vi skulle kunne skille hva slags tro vi skulle ha og pryde oss selv som Herrens brud.

Det Prektige Hellige Rom, Et Symbol på Seieren Til den Menneskelige Utviklingen

Rett etter åpningen av kirken, ga Herren meg synet på verdensmisjonen og byggingen av det Prektige Hellige Rom. I Juli 1984, ba jeg og fastet med kirkemedlemmene for et nytt sanktuarium, og Han fortalte oss i detaljer om vår forpliktelse ved tidens slutt og om byggingen av det Prektige Hellige Rom.

"Mine kjære tjenere, før jeg kommer tilbake, vil jeg la dere bygge det Prektige Hellige Rom gjennom alle menneskenes hender på jorden. Når du sier at du bygger et sanktuarium, de som ikke forstår seg på Guds hjerte og som ikke har noen tro vil si, 'Hvorfor skal vi bruke så mye penger på å bygge en bygning, istedenfor å bruke det på misjonær arbeide?'

Det vil bli bygd med det mest delicate og de beste materialene som du kan finne på jorden. Du vil ikke bygge det av din egen styrke; du vil bli kjent over hele verden og alle verdens konger vil også komme til deg.

De med dyktigheter vil gi deres ferdigheter, de med kunnskap, deres kunnskap; og de med offergave, deres gaver. Det vil ikke være noen mangel, men bare overflod. Mennesker bygger veldig vakre bygninger for mennesker og for djevelen, men de har ennå ikke bygget noe for Gud."

Når en kirke prøver å bygge et stort og vakkert sanktuarium, er det noen som sier, "Er det ikke bedre å bruke pengene på misjonærarbeide og veldedighetsarbeide? Hvorfor skal vi bruke så mange penger på bygningen?"

I denne verden er det mange bygninger som er bygget for menneskenes underholdning og fornøyelse, hvor et enormt beløp er brukt på byggingen. Men siden Salomon bygde Guds Tempel, har det aldri blitt bygd et virkelig Guds Tempel.

Når Salomon bygde Guds Tempel, fikk han vite av Gud om den detaljerte størrelsen, bygningsmåten, og til og med gjenstandene som skulle bli brukt i Tempelet. Salomon brakte godt tre, gull, sølv, og andre dyrebare materiale fra nabolandene. De kledde bygningen og til og med de små gjenstandene med gull for å lage det mest praktfult og vakkert.

Kronens Utforming

Gud viste Moses syn og ga ham åpenbaring når han laget tabernakel. Gud fortalte oss også i detaljer om det Prektige Hellige Rom. Generelt er formen rund, som betyr at universet er endesløst.

For å avsløre Guds ære og respekt, det Prektige Hellige Rom vil bli det beste og fineste sanktuariumet i menneskenes

historie. Høyden vil være 70 meter fra kjelleren til korsets tårn; dens diameter vil bli 600 meter. Bare en dekorasjon vil vise skjønnheten og makten til Gud. Det vil også inneholde æren til byen Nye Jerusalem og uttrykke arbeide om Guds Skapelse.

På utsiden av sanktuariumet vil det være tolv marmor søyler, som symboliserer de tolv grunnleggende stenene til New Jerusalem. Hver søyle vil ha blomster utskjæring rundt seg. I midten av hver blomst vil det være en av juvelene fra de tolv grunnleggende stenene.

Mellom hver søyle vil det bli plasert en stor port akkurat som perleporten til New Jerusalem. Hver port vil ha to store skulpturer av engler. Og021, mellom de tolv store søylene vil det være syv mindre søyler, og hver søyle vil ha en utskjæring som symboliserer hver dags skapelse.

For eksempel, den første søylen vil være dekorert på en slik måte at den vil gi farve som regnbuen i klart lys for å kunne vise skapelsen av lyset. Den sjette søylen vil ha utskjæringer av kuer, sauer, eller andre dyr, og også utformingen av Adam og Eva.

Prekestolen til det Prektige Hellige Rom vil rotere. Dens tak vil åpne seg og lukkes i en kors utforming. Stolene i sanktuariumet vil ha individuelle video utstyr; alt i alt vil det ha bygningene og utstyret med den aller siste teknologien.

Fra toppen av likner det Prektige Hellige Rommet på en krone. Akkurat som vinneren mottar laurbærkrans, symboliserer det at den menneskelige kultivasjonen vil komme til en ende med Guds seier.

Gud vil bygge det Prektige Hellige Rommet gjennom Hans barn som har utdannet hjertets hellighet, som er et hellig tempel innenfor hjerte. Han har gitt oss den femfoldige forkynnelse av hellighet og ledet oss til å kaste bort all form for ondskap og rense vårt hjerte i denne verden som er full av synder.

Fordi vår kirke prøver å kaste bort synder og bli gjort hellige helt til du begynner å blø, vokser mange kirkemedlemmer inn i ånden og hele ånden i Herrens spesielle ære. Gud planla det på slik en måte at de som forbereder seg selv som Herrens bruder på denne måten vil motta Herrens tilbakekomst i det Prektige Hellige Rom.

Gud har vist oss de runde regnbuene som et syn på at Han er med oss og at vi vil bygge det Prektige Hellige Rom. Vi ser ofte regnbuer over kirken eller i de Manmin misjonær områdene rundt om i verden.

Gud har allerede latt meg besøke Dubai og andre land i Midt Østen flere ganger for bygningen av det Prektige Hellige

Rom. Han tillot meg å ha vennskap med noen betydningsfulle handelsmenn der. Mer enn 8,000 kirker rundt om i verden deltar også i Manmins prestetjeneste som frukten til verdens misjonen som vi har holdt hittil.

Helt til vi har forkynnet om evangeliet til verdens ende, bygget det Prektige Hellige Rom som inneholder Guds dype forsyn, og mottat Herren Jesus som kommer tilbake, mine bønner og prestetjeneste vil fortsette uten stans.

Epilog

Akkurat som et tre som ser opp til himmelen

Gror ut røttene sine dypt i bakken,

Ikke bare under klart solskinn

Men også i stormer, vind, og kalde dugg.

Forbipassering av de siste seks og tyve årene,

Akkurat idet jeg knelte ned for å be med ansiktet mot

himmelen,

Guds kjærlighet førte meg

dypere inn i åndens verden;

Han åpnet porten

til den nye dimensjonens sjelelige kongerike.

Skjebnens slutt har fortsatt.

Jeg kunne ha marsjert

på grunn av den sannferdige kjærlighet til Gud,

som alltid er der og

som ikke har noen variasjon med å skifte skyggen.

Selv om det var mennesker

som misforsto Guds arbeide

eller var sjalue på dem,

Og som spredde løgn,

Jeg ber bare til Gud,

For sannhet er alltid avslørt i historien.

Jeg skrev ned litt av det som jeg har i mitt hjerte

som jeg ikke kunne snakke om før.

Jeg bekjenner at alt inneholdet i denne boken

er selve sannheten

som jeg ikke i det hele tatt er skamfull over.

Personlig og Kirke Historie

1943. 04. Født som det siste barnet blandt tre sønner og tre døtre fra hans far Chabeom Lee og hans mor Gamjang Cho (Shinkil Ri, Heje Myeon, Muan Goon, Cheonnam provinsen)

1956. 02. Fikk vitnemål fra Boonhyang Barneskole, Cheonnam Provinsen

1959. 02. Fikk vitnemål ifra Songjung Middle skole, Cheonnam Provinsen

1962. 02. Fikk vitnemål fra Dan-guk yrkesungdomsskole, Seoul

1964. 09. Han sluttet studieopplegget fra ingeniør skolen, Hanyang Universitet

1967. 04. Fullførte Militær Tjeneste

1968. 01. Gift med hans kone Boknim Lee. Ble syk på grunn av for mye drikking ved en innflyttingsfest.

1970. 11. Første datteren Miyoung Lee ble født. Forlot avispapir f irmaet på grunn av at han var hørselsskadet.

1972. 10. Andre datter Mikyung Lee ble født.

1974. 04. Erfarte den Levende Gud på Hyun Shin Aes Altar og aksepterte Herren

1974. 11. Deltok på et Oppvekkelsesmøte i Sungdong Kirke i Oksu Dong og begynte et virkelig Kristelig liv

1975. 08. Den Tredje og siste datteren Soojin Lee ble født

1979. 03. Akseptert av det Hellige Teologiske Semimaret

1982. 07. Åpningen av Manmin Kirken

1983. 02. Fikk avlagt eksamen fra det Hellige Teologiske Seminaret

1986. 05. Prestevier

1987. 06. Hans vitnemål var dramatisert og kringkastet for en måned av det Kristelige Kringkastingssystemet (CBS).

1990. Hans gudstjenester ble regelmessig kringkastet i FEBC, Asia Kringkasting, og Washington Radio System

1990. 05. Taler for den Hellige Ånds Kampanje holdt av Yeongnam Områdets Misjon

1991. 03. Taler for Daegu Evangeliserings Velsignelse Kampanje

1991. 07. Grunnleggingen av Jesus Forente Hellighets Kirke i Korea

1992. 03. Grunnleggende Gudstjeneste fra Nissi Orkesteret med taleren Pastor Hyeonkyoon Shin
Konferanse om 'Dimensjoner' for alle kirkemedlemmene med tittelen: Hør, se, og forstå med hjertet
Kolonner viser seg på *Hankook Ilbo* Daily (i Korea og i U.S.A.)

1992. 05. Var med på Nasjonal Bønne Frokost

1992. 08. Vise President av '92 Verdens Hellige Åndelige Evangeliserings Kampanje

1993. 02. Manmin Sentral Kirke inkludert som en av de topp kirkene i verden av *'Christian World'* i U.S.A.

1993. 05. Det første To-uker lange Spesielle Oppvekkelsesmøte med Pastor Jaerock Lee

1993. 08. Taleren for Washington Evangeliserings Kampanjen

1993. 09. Taleren for LA Evangeliserings Kampanjen
Æresformann for den 20. Koreanske Dags Feiringen i LA Korea Byen
Benediksjon i LA Bystyre
Fikk æresborgerskap fra LA Kommune

1993. 10. Gudstjenester som kommer i den Kristelige Avisen

1994. 02. Melding om Oppfordring i den Koreanske Hærens 6te divisjon, Siloam Kirke innvielse

1994. 05. Taler for Washington og Baltimore Forente kampanje
Innvielse som formann for Washington Kristelige Radio System

1994. 06.   Han talte for Tansanias Kirke Lederes Konferanse og i en
            gudstjeneste i Pinsemenigheten
1994. 07.   Benediksjon for '94 Seoul Hellige Åndelige
            Evangeliserings Kampanje
            Oppnevnt som Vise-president for den Internasjonale
            Bibel Leveransens Misjons Forbund
1994. 09.   Begynnelsen av bønner for de Syke på Automatiske
            Telefonsvarere
1994. 11.   Taler for Ida Forente Kampanje i Japan
1994. 12.   Spesiell Undervisning i Oppvekkelses Trenings Senteret,
            et sammarbeidssted for den Nasjonale Evangeliserings
            Bevegelsen
1994. 12.   CBS 40. årlige minnedags spesielle program 'Forny oss'
            opptatt i Manmin Sentral Kirken
1995. 02.   Være vært for den 149de Bare-Koreanske Preste
            Konferansen som ble holdt av de Koreanske Prestenes
            Bønne Gruppe
1995. 03.   Var vært for Seoul Områdets Forente Kampanje som ble
            holdt av den Nasjonale Evangeliserings Bevegelsen
            Gudstjenester kringkastet hver eneste uke av CBS
1995. 04.   Taler for '95 LA Verdens Misjonens Konferanse som ble
            holdt av Verdens Evangeliserings Foreningen
1995. 05.   Hans gudstjenester kringkastet av CBS Chooncheon
1995. 07.   Holdt en spesiell bønn, i den 'Spesielle Bønne
            Kampanjen for Nasjonen' som ble holdt av Nasjonens
            Gjenforenings Evangeliserings Bevegelse, som en fast
            president
1995. 08.   Besøke Chungwadae, presidentens hus, som et
            hovedmedlem for den Fredfulle Gjenforeningens

Jubileums Konferanse som feiret den 50. årlige minnedagen for Koreas frihet.

Laget fremskrittsreferat som den administrerende presidenten i den Fredfulle Gjenforenings Jubileums Konferansen som feiret det 50. årlige minnedagen for den Koreanske friheten

Hans gudstjenester i den Koreanske Radioen i New York, USA

1995. 09. Var med på den 22de Koreanske Dags feiringen av LA Korea Byen som æresrepresident

1995. 10. Hans gudstjenester blir kringkastet i Daejeon FEBC

Etableringen av det Afrikanske Manmin Misjons Senteret

Manmin Sentral Kirke var med på blod donerings bevegelsen som var holdt av 'Kjærlighets Praksiserings Bevegelsen'.

1995. 11. Mizpah Oppvekkelses Kampanje for å Praksisere Angerfølelse og Kjærlighet

Vanlige Kolonner Blir Vist i 'Christian Herald', et ukelig kristelig magasin ifra USA

1995. 12. FEBC, 'Vår Gode Kirke' program opptatt i Manmin Sentral Kirke

1996. 02. Taleren for den '96 Hawaii Koreanske Kirkenes Forente Kampanje og Prestenes Konferanse

1996. 03. Utnevnt som Vise President for Anklagernes Evangeliserings Forening

1996. 04. Hans Gudstjenester ble Kringkastet av CBS Daegu

Utnevnt som vise president for 2002 Verdensmesterskapets Misjonsgruppe

1996. 06. Åpningen av Manmins Velferds Senter

1996. 07. Argentina Koreanske Velsignelses Kampanje og Kommune
Prestenes Konferanse
Den 14de Prestekonferansen
Utvalgt som en av 'Folkene Som Rører ved Korea' av
Joong-ang Daily

1996. 08. Innvielse av Guro Dong Sanktuarium
Hans gudstjenester som har blitt kringkastet av den
Kristne Krisngkastingen i Vancouver, Kanada
Var med på Korea-Japans Forente Bønne Kampanje som
ble holdt av 2002 Verdensmesterskaps Misjons Gruppe

1996. 09. Den Forente Kampanjen i Shinshu, Japan

1996. 11. Den 2. Lovrpisnings Konserten for Hjem med Barn som
Overhode, som ble holdt av Nasjonens Evangeliserings
Bevegelses Senter

1996. 12. Begynnelsen på en fortsettende gudstjeneste for alle søster
kirkene i Korea
Hans gudstjenester blir kringkastet hver eneste uke i den
Kristelige Kringkastingen i PhiladelPhia, USA

1997. 03. Hans gudstjenester blir kringkastet av den Koreanske
Kringkastingen, New York
Hans gudstjenester blir kringkastet hver eneste uke av den
koreanske kringkastingen i Auckland, New Zealand

1997. 07. Utnevnt som Evig President for '98 Nasjonens
Evangeliserings Forenede Kampanje

1997. 08. Pastor Dan Marino, bestyreren for Parkway Christian
Academy i USA, besøkte kirken for oppvekkelses
undersøkelse

1997. 09. Mektig Evangeliserings Kampanje og Prestenes Konferanse
som ble holdt av Washingtons Kristelige Radio Stasjon

Taler for Korea-Amerikas Forente Kampanje som ble
holdt av Marylands Kirke Forening

1997. 10. Den 2. Argentinske Preste Konferansen som ble holdt av
Argentinas Kjærlighets Misjon

1998. 01. CBS Nytt Års Spesielle Program 'Forny Oss' Vitnemåls
Kampanjen

1998. 02. Spesielle Oppvekkelsesmøte for de syke
Taleren for 'den Hellige Ånds Kampanjen for å redde
Nasjonen' som har blitt holdt av Verdens Kristelige
Oppvekkelses Misjons Foreningen
Utnevnt som Nasjonens Evangeliserings Forenings
Kampanje Drifts President

1998. 03. Utnevnt som den Administrerende President for
AnklagernesEvangeliserings Forening
Taler for den Koreanske Forberedelses Kampanjen for
Tokyos Internasjonale Misjons Kampanje

1998. 05. Fikk Tavlen med Takknemlighet fra Hosanna Misjonen
for hans bidrag for utviklingen av den misjons
organisasjonen og nasjonens evangelisering
Representant Bønner for kampanjen 'Ikke Noe
Kriminalitet i Skolene' som var holdt av Anklageres
Evangeliserings Forening

1998. 06. '6te Veldedighets Konsert for Evangeliseringen av
Fengsler' som har blitt holdt av Onesimus Misjonen
'Bønnekampanje for å Redde Landet' holdt av Verdens
Evangeliserings Forening

1998. 10. Innvielse Tjeneste av den Koreanske Advokat Misjonens
Forening og Bønnemøte for Nasjonen

1998. 12. Veldedighets Konsert for Funksjonshemmede som ble

holdt av 'Praktisk Kjærlighet for Nasjons Foreningen'
CBS Syns Bevegelsen 21 som feirer CBSs 44. årlige
minnedag.

1999. 04.   Lovprisningskonsert for Hjem som har Barn som
Overhode i Masan MBC Konsert Hallen
'Ikke Noe Kriminalitet i Skolen' holdt av Kontoret til
Seoul Distriktets Anklager

1999. 07.   Utnevnt som Langvarig President for Verdens Kristelige
Oppvekkelses Misjons Foreningen

2000. 02.   Hans gudstjenester blir kringkastet på den 'Internasjonale
Evangeliserings Stasjonen (AM 1503), i Vladivostok

2000. 06.   Hans Engelske gudstjenester ble kringkastet i Mabuhai
Radio Stasjon (AM 1350) i Manila, Filippinene

2000. 07.   Taler for '2000 Ugandas Presters' Konferanse og Forente
Kampanje'
Det mektige arbeide som ble vist i Uganda ble kringkastet
på CNN

2000. 09.   Taleren for 'Nagoya Samlede Kampanje, Japan'

2000. 10.   Taleren for 'Pakistans Prestenes' Konferanse og Forente
Kampanje'
S. K. Tressler, Kulturminister, Sport, Ungdom, og Turisme
var med på fredagens nattgudstjeneste i Manmin Sentral
Kirken

2001. 01.   Manmin TV Opprettet

2001. 06.   Guds makts arbeide kringkastet på RPN TV, Filippinene
Taleren for 'Kenyas Presters' Konferanse og den Forente
Kampanjen'

2001. 09.   Taleren for 'Filippinenes Presters' Konferanse og den
Forente Kampanjen'

2002. 07. Taleren for Honduras 'Presters' Konferanse og den Forente Kampanjen'

2002. 10. Taleren for 'Indias Presters' Konferanse og Helbredende Mirakelses Festival'

2003. 02. Fikk en tavle med anerkjennelse fra Los Angeles Kirke Forening og Sør Californias Økumeniske Forening for utviklingen av sammarbeidet mellom Korea og de Amerikanske kirkene og for lojale evangeliske arbeider

2003. 11. Taler for de 'Russiske Prestenes' Konferanse og Helbredende Mirakel Festival'

2004. 05. Taler for det 12te To-uker lange Spesielle Oppvekkelses Møte

2004. 10. Taler for 'Tysklands Helbredende Mirakel Festival'

2004. 12. Taler for 'Perus Helbredelses Kampanje' Invitert og Møtt med President Toledo fra Peru i President Palasset

2005. 05. David Waisman, Vise President i Peru, og Herr Maximo San Roman, tidligere vise president fra Peru besøkte Manmin Sentral Kirke

2005. 09. GCN (Det Verdensomfattende Kristelige Netverket) begynte å kringkaste

2005. 10. Kirkens og GCNs Avfyrings Feirings 23de Årlige Minnedag

2006. 02. Taler for 'DR Kongos Helbredende Mirakel Festival' Møte med President Josef Kabila

2006. 05. Dr. Mikhail Morgulis, arrangør formannen for den Slaviske New York Kampanjen og den administrerende offiser Presten Mark Bazalev besøkte Manmin Sentral Kirke

2006. 06. Den 3dje WCDN (Verdens Kristelige Doktors Netverk)
Internasjonale Kristelige Medisinske Konferanse holdt i
Filippinene

2006. 07. Taleren for '2006 New York Kampanjen'
Kampanjens direktesendte kringkasting og gjensendinger
til over 200 land
Fikk Proklamasjonene og Plakatene med Anerkjennelse
fra Senatet og Forsamlingen i Staten New York og Byen
New Yorks Bystyre

2006. 10. 24de Årlige Minnedag for Kirken og GCNs 1ste Årlige
Minnedag

2007. 02. Var med på den 64de NRB Konferansen og Fremstillingen

2007. 04. MIS (Manmin Internasjonale Seminar) Prestenes
Konferanser i Latin Amerika

2007. 07. Den 4. Internasjonale Kristelige Medisinske Konferansen i
Miami, USA

2007. 09. Muans Søte Vann ble bekreftet for dens sikkerhet og
utmerkethet av FDA (Mat og Medisin Administrasjonen)
i USA

2007. 10. Kirkens 25de Årlig Minnedag og den 2. Årlige
Minnedagen av GCN

2007. 11. Sørøst Asias Kristelige Medisinske Lege Konferanse som
ble holdt i Jakarta i Indonesia av WCDN

2008. 03. Var med på den 65de NRB Konferansen og Fremstillingen
av den 9de FICAP Konferansen og Fremstillingen

2008. 04. Urim Bøkene deltok i den 14de Seoul Internasjonale
Bokutstillingen

2008. 05. Den 5te WCDN Internasjonale Kristelige Medisinske
Konferansen ble holdt i Trondheim, Norge

2008. 10.   Den 26de Årlige Minnedagen for Kirken og den 3dje
Årlige Minnedagen for GCN

2008. 11.   Prestenes' Seminar og Lommetørkle Helbredelses
Kampanjen ble holdt i Chennai i India av Presten
Mikyung Lee

2009. 01.   4de Årlige Minnedagen av Nord Koreas Flyktninge
Misjon

2009. 02.   Var med på den 66te NRB Konferanse og Fremstilling
Prestenes' Seminar og Lommetørkle Helbredelses
Kampanjen holdt i Filippinene av Prest Mikyung Lee

2009. 03.   Var med på den 10de FICAP Konferansen og
Fremstillingen

2009. 04.   Prestenes' Seminar og Lommetørkle Helbredelses Møte i
Pakistan, holdt av Presten Taesik Gil

2009. 06.   Prestenes' Seminar og Lommetørkle Helbredelses
Kampanje i Vietnam, holdt av Presten Rainbow Lee

2009. 07.   Den Dedikerte Gudstjenesten for Muans Søte Vannstrand
og Svømmebasseng

2009. 09.   Taler for Israels 2009 Forente Kampanje med temaet
"Gud Er Mektig"

2009. 10.   Den 27de Kirke Årsdagen og den 4de Årsdagen til GCN

2009. 11.   Den 6te WCDN Internasjonale Kristelige Medisinske
Konferansen som ble holdt i Kiev, Ukraina

2010. 02.   Var med på den 67de NRB Konferansen og Fremstillingen

2010. 03.   Var med på den 11te FICAP Konferansen og
Fremstillingen

2010. 05.   Den 7de WCDN Internasjonale Kristelige Medisinske
Konferansen som ble holdt i Roma, Italia

2010. 07.   Den 4de 'Korsets Budskap' Leiren som ble holdt i Finland

Forfatteren:
Dr. Jaerock Lee

Dr. Jaerock Lee ble født i Muan, Jeonnam Området, Koreas Republikk, i 1943. I tjueårene led Dr. Lee av mange forskjellige uhelbredelige sykdommer i sju år og ventet bare på døden uten noe som helst håp om helbredelse. Men en dag på våren 1974 ble han ledet til en kirke av hans søster, og når han knelte ned for å be, helbredet den Levende Gud ham med det samme av alle hans sykdommer.

Fra dette øyeblikket da Dr. Lee møtte den Levende Gud gjennom denne vidunderlige erfaringen, har han elsket Gud med hele hans hjerte og ærlighet, og i 1978 ble han innkalt til å bli en tjener for Gud. Han ba iherdig slik at han klart og tydelig kunne forstå Guds vilje, fullstendig fullføre det og adlyde alle ordene til Gud. I 1982 grunnla han Manmin Sentral Kirken i Seoul, Korea, og mange av Guds arbeidere, inkludert vidunderlige helbredelser og undere, har funnet sted i denne kirken.

I 1986 ble Dr. Lee prestevet til en prest ved den Årlige Forsamlingen av Jesus Sungkyul Kirken i Korea, og fire år senere i 1990, begynte hans gudstjenester å bli kringkastet i Australia, Russland, Pilippinene, og mange flere steder gjennom den Fjerne Østens Kringkastings Firma, den Asiasiske Kringkastings Stasjonen, og Washingtons Kristelige Radio System.

Tre år senere i 1993, ble Manmin Sentral Kirken valgt som en av "Verdens 50 Høyeste Kirker" av det Christian World magasinet (US) og han mottok en Æres Guddommelig Doktorgrad fra Christian Faith College, Florida, USA, og i 1996 en doktorgrad i filosofi i presteembete fra Kingsway Teologiske Seminar, Iowa, USA.

Siden 1993, har Dr. Lee tatt ledelsen i verdens misjonen gjennom mange utenlandske kampanjer i Tansania, Argentine, L.A., Batimore City, Hawaii, og New York City i USA, Uganda, Japan, Pakistan, Kenya, Filippinene, Honduras, India, Russland, Tyskland, Peru, Den Demokratiske Republikk i Kongo, Israel og Estland. I 2002 ble han kaldt en "verdens prest" av store Kristelige aviser i Korea for hans arbeide i de forskjellige utenlandske Store Forente Kampanjer.

Fra og med september 2013 har Manmin Sentral Kirke fått en menighet på mere enn 120,000 medlemmer. Det er 10,000 innenlands og utenlandske søster kirker over hele jordkloden, og hittil har mere enn 129 misjonærer blitt utnevnt til 23 land, medberegnet Amerika, Russland, Tyskland, Kanada, Japan, Kina, Frankrike, India, Kenya, og mange flere.

Fra og med datoen av denne utgivelsen har Dr. Lee skrevet 88 bøker, inkludert bestselgerne *Å Smake På Det Evige Livet Før Døden*, *Mitt Liv Min Tro (I) & (II)*, *Korsets Budskap*, *Troens Målestokk*, *Himmelrike I & II*, *Helvete*, og *Guds Makt*. Hans arbeide har blitt oversatt til mere enn 75 språk.

Hans Kristelige spalter fremstår i *The Hankook Ilbo*, *The Chosun Ilbo*, *The JoongAng Daily*, *The Dong-A Ilbo*, *The Munhwa Ilbo*, *The Seoul Shinmun*, *The Kyunghyang Shinmun*, *The Korea Economic Daily*, *The Korea Herald*, *The Shisa News,* og *The Christian Press.*

Dr. Lee er for tiden leder av mange misjonær organisasjoner og foreninger: inkludert Formann, The United Holiness Church for Jesus Kristus; President, Manmin World Mission; Grunnlegger og Hovedformann, Global Christian Network (GCN); Grunnlegger og Hovedformann, World Christian Doctors Network (WCDN); og Grunnlegger og Hovedformann, Manmin International Seminary (MIS).

Himmelrike I & II

Et detaljert utdrag av de forferdelig flotte omgivelsene som de himmelske innbyggerne nyter og en vakker beskrivelse av forskjellige nivåer av de himmelske kongerikene.

Korsets Budskap

Et mektig oppvekkende budskap for alle menneskene som sover åndelig! I denne boken vil du finne grunnen til at Jesus er den eneste Frelseren og Guds sanne kjærlighet.

Helvete

Et oppriktig budskap til alle mennesker ifra Gud, som ikke ønsker at en eneste sjel skal falle inn i dypet av helvete! Du vil oppleve en beretning som aldri før har blitt avslørt om den grusomme virkeligheten til det Lavere Dødsrike og helvete.

Mitt Liv, Min Tro I

En rørende betraktning vedrørende den sanne troen med å overvinne alle slags prøvelser og om de brennende arbeidene til den Hellige Ånd som har blitt vist i en kirke med en sann tro.

Troens Målestokk

Hva slags oppholdssted, kroner og belønninger blir forberedt for deg i himmelen? Denne boken gir deg visdom og veiledning slik at du kan måle din tro og utvikle den beste og mest modne troen.